Kurt Tepperwein

Mental-Training

pickup

Kurt Tepperwein

Mental-Training

Kraftquelle im Alltag

Dieser Ausgabe liegt das Buch von Kurt Tepperwein
Kraftquelle Mental Training – Sie selbst bestimmen Ihr Leben
zu Grunde. Es erschien erstmals im Ariston Verlag 1986.

Bibliografische Information der Deutschen Bibliothek
Die Deutsche Bibliothek verzeichnet diese Publikation in der Deutschen Nationalbibliografie; detaillierte bibliografische Daten sind im Internet unter http://www.ddb.de abrufbar.

3. Auflage

Umschlaggestaltung: ZERO Werbeagentur, München
Umschlagmotiv: FinePic
Satz: EDV-Fotosatz Huber/Verlagsservice G. Pfeifer, Germering
Druck und Bindung: Alcione, Lavis
Printed in Italy 2009

ISBN 978-3-7205-2739-2

Inhalt

Die Grundlagen des Mental-Trainings

Vielleicht haben Sie sich in der Vergangenheit bereits mit bestimmten Methoden der Lebensgestaltung wie dem positiven Denken, dem autogenen Training und vergleichbaren Techniken beschäftigt. Alle diese geistigen Wege sind Ausdruck der *einen* Wahrheit und stützen sich auf die immer und überall gültigen geistigen Gesetze. Aber jedes dieser Systeme enthält auch sozusagen ein »Goldkörnchen«, eine ganz besondere Technik der Persönlichkeitsentwicklung, die besonders wirksam und hilfreich ist.

Ich habe die »Goldkörnchen« der verschiedenen Systeme gesammelt und zum Mental-Training zusammengefasst. Wie dieses Geistestraining in der Praxis ausgeführt wird, möchte ich Ihnen nun im Folgenden schildern.

Eine durchschnittliche Mental-Trainingssitzung dauert in der ersten Übungsphase etwa dreißig Minuten. Da bei regelmäßiger Anwendung des Mental-Trainings Ihre Fähigkeit, sich zu konzentrieren und zu entspannen, rasch anwachsen wird, können Sie die gesamte Übungsfolge jedoch schon nach relativ kurzer Zeit wesentlich rascher durchlaufen. In dieser zweiten Phase genügt bereits eine tägliche Übungszeit von zirka fünfzehn Minuten. Sie können die einzelnen Sitzungen aber bei Bedarf auch länger ausdehnen.

Ich werde Ihnen nun nachfolgend in geraffter Form die zwölf Übungsschritte darstellen, die Sie während Ihrer täglichen Sitzung in der angegebenen Reihenfolge durchlaufen sollten. Ausführliche Erläuterungen über Ausführung und Zweck der einzelnen Übungsschritte finden Sie im weiteren Verlauf des Buches.

1. Schritt: Verschaffen Sie sich Klarheit über Ihr Ziel oder Ihren wichtigsten Wunsch.

2. Schritt: Sie legen Ort und Zeit Ihrer täglichen Übung fest.

3. Schritt: Sie nehmen die richtige Körperhaltung ein.

4. Schritt: Entspannen Sie sich körperlich und geistig.

5. Schritt: Schalten Sie ab und vergegenwärtigen Sie sich Ihren Wunsch.

6. Schritt: Achten Sie auf die richtige Atemtechnik.

7. Schritt: Begeben Sie sich in den »schöpferischen Bewusstseinszustand«.

8. Schritt: Suchen Sie den »Ort der inneren Wandlung« auf.

9. Schritt: Laden Sie Ihre Vorstellungsbilder mit Vitalkraft und mit einem Gefühl der Freude auf.

10. Schritt: Identifizieren Sie sich vollständig mit dem Inhalt Ihres Wunschbildes.

11. Schritt: Wiederholen Sie Ihren Wunsch immer wieder.

12. Schritt: Stehen Sie der Erfüllung Ihres Wunsches nicht im Weg und handeln Sie.

Das sind die grundlegenden Schritte des Mental-Trainings, die in den folgenden Kapiteln dieses Buches näher erläutert werden.

Bevor Sie sich jedoch der Praxis zuwenden, sollten Sie sich zunächst Klarheit darüber verschaffen, welches Ziel – vielleicht zunächst ein Nahziel und dann das Fernziel – Sie mithilfe des Mental-Trainings erreichen wollen. Sie müssen sich also auf einen konkreten Wunsch festlegen, an dessen Verwirklichung Sie arbeiten wollen.

Die Klärung der eigenen Zielsetzung

Bevor einer Ihrer Wünsche in Erfüllung gehen kann, müssen Sie natürlich zunächst einmal wissen, was Sie überhaupt wollen. Je präziser Ihre Zielvorstellung ist, umso sicherer und vollkommener wird auch die Erfüllung sein. Daher ist es auch so wichtig, dass Sie sich ein realistisches und fest umrissenes Bild Ihrer Wünsche und Ziele machen.

So verschaffen Sie sich Klarheit über Ihren wichtigsten Wunsch

Der erste Schritt zur Klärung Ihrer Wünsche besteht nun darin, dass Sie sich alle Ihre Wünsche bewusst machen.

Schreiben Sie sie einzeln auf Karteikarten, damit Sie den Überblick behalten. Sondern Sie dann die weniger wichtigen Wünsche einen nach dem anderen aus. Legen Sie Karte um Karte beiseite, bis zum Schluss nur noch eine Karteikarte mit dem zurzeit für Sie wichtigsten Wunsch übrig bleibt.

Bisher war Ihre Wunschkraft noch zerstreut, doch nun soll sie sich mehr und mehr auf dieses *eine* Anliegen konzentrieren. Indem Sie Ihre Energie von anderen, schwächeren und für Sie weniger wichtigen Wünschen abziehen, konzentrieren Sie nun Ihre gesamte Wunsch- und Imaginationskraft auf *ein* Ziel.

Wenn Sie einen Wunsch formulieren, sollten Sie ganz sicher sein, dass es Ihnen nicht nur angenehm wäre, wenn sich Ihr Wunsch erfüllte, sondern dass Sie diese Erfüllung wirklich von ganzem Herzen wünschen.

Wenn Sie dies oder jenes nur halbherzig erreichen oder haben wollen, so hat Ihr Wunsch nicht genügend Kraft, Ihre Vorstellung zu verwirklichen. Sie müssen daher in sich den brennenden Wunsch verspüren, Ihr Ziel auch wirklich zu erreichen. Ihr Wunsch sollte sich immer wieder in Ihr Bewusstsein drängen, denn nur so hat er genügend »Ladung« zur Verwirklichung. Fragen Sie sich immer wieder: Will ich das wirklich? Aber auch: Sollte ich das wollen? Stellen Sie, soweit Ihnen das möglich ist, fest, ob die Erfüllung Ihres Wunsches jemandem schadet oder bestehende Harmonie verletzt. Grundsätzlich dürfen Sie nur so viel für sich beanspruchen, wie Sie erlangen können, ohne damit einem Mitmenschen oder sich selbst Schaden zuzufügen. Dies ist die moralische Grundvoraussetzung, die Ihr Wunsch nicht verletzen darf.

Immer wieder führen Menschen bewusst oder unbewusst Umstände herbei, die ihnen selbst, oder was noch schlimmer ist, anderen schaden. Auf diese Weise stören sie jedoch die Harmonie der höheren Ordnung und setzen automatisch für sich selbst die Ursachen negativer Folgen. Der selbstsüchtige und rücksichtslose Gebrauch der Schöpferkraft ist in jedem Fall schädlich. Das heißt nicht etwa, dass wir diese Kraft nicht dazu gebrauchen sollten oder dürfen, materielle Vorteile zu erlangen. Die schöpferische Urkraft kann auch diesem Zweck dienen, wenngleich ihr weisester Gebrauch sicher darin besteht, mit Ihrer Hilfe die eigene Entwicklung zu fördern und damit ein Mitglied der Menschheit von morgen zu werden.

Es gibt also einen richtigen und einen falschen Weg. Falsch ist es, sich bestimmte Vorteile auf Kosten anderer Menschen zu verschaffen. Wer nur egoistische Wünsche verwirklichen und nur haben will, ohne zu geben, muss darauf gefasst sein, dass die Erfüllung anders aussieht, als er erwartet hat.

Überlassen Sie Ihrem Unterbewusstsein die Wahl

Seien Sie sich immer bewusst, dass Sie in den meisten Situationen gar nicht alle Zusammenhänge des Lebens durchschauen und erkennen können. Es ist daher ratsam, wenn Sie einen Partner, eine neue Stelle oder eine Wohnung suchen, nicht einen bestimmten Partner, eine bestimmte Stelle oder eine bestimmte Wohnung ins Auge zu fassen. Besser ist, wenn Sie sich einfach das für Sie Richtige wünschen, das, was im Augenblick für Sie notwendig und angemessen ist. Lassen Sie sich von Ihrem Unterbewusstsein führen. Es bietet Ihnen die Chance, Ihnen das Bestmögliche zu verschaffen. Wahrscheinlich würden Sie sich aufgrund rationaler Überlegungen nur das Zweitbeste wünschen, da Sie das für Sie Beste gar nicht kennen.

Ihr Wunsch, Ihre Zielvorstellung sollte zwar exakt sein; die Verwirklichung jedoch sollten Sie nicht unnötig beschränken oder eigenwillig bestimmen wollen, weil Sie sonst die Möglichkeiten des Ihr Verhalten steuernden Unterbewusstseins begrenzen. Konzentrieren Sie sich daher immer auf den richtigen, noch unbestimmten Partner, die richtige, noch unbestimmte Stelle, die richtige, noch unbestimmte Wohnung und so fort.

Ein weiterer Vorteil einer solchermaßen offenen Wunschformulierung ist, dass Sie auf diese Weise die Interessen anderer Menschen nicht verletzen können und sich folglich auch nicht unerwünschte Folgen aufbürden.

Legen Sie sich Rechenschaft über Ihre wahren Wünsche ab

Sie sollten sich, bevor Sie einen Wunsch ausdrücklich formulieren, vergewissern, ob Sie den Erfolg auch anzunehmen bereit sind! Überlegen Sie sich deshalb vorher, welche Konsequenzen die Erfüllung eines Wunsches haben wird und ob Sie diese auch tragen wollen.

Wer innerlich nicht bereit ist zu arbeiten, wird auch mithilfe des Mental-Trainings keine Arbeit finden, denn im Grunde seines Herzens will er ja viel lieber faulenzen. Wer die Menschen verachtet, dem wird auch das Mental-Training keine neuen Freunde zuführen, denn eigentlich will er ja lieber mit sich selbst alleine bleiben. So gibt es viele Beispiele dafür, dass der feste Wille zum Erfolg eigentlich gar nicht vorhanden ist, weil andere Interessen dem Erfolg im Wege stehen.

Wenn Sie erfolgreich sein möchten, müssen *alle* Ihre geistigen Kräfte und Ihre *gesamte* Wunschkraft sich auf *ein* Anliegen konzentrieren. Das ist eine Voraussetzung für den Erfolg! Nur so können Sie mithilfe des Mental-Trainings Ihren Wunsch verwirklichen.

ÜBUNG 1: Die Wunschklärung

- Schreiben Sie alle Ihre Wünsche und Ziele einzeln auf Karteikarten und breiten Sie diese vor sich aus.

- Suchen Sie nun den unwichtigsten dieser Wünsche heraus und legen Sie die entsprechende Karteikarte an einen gesonderten Platz. Sortieren Sie dann aus den verbleibenden Karten wiederum den Ihnen am wenigsten wichtig erscheinenden Wunsch heraus und fahren Sie in dieser Weise fort, bis nur noch eine einzige Karte vor Ihnen liegt, auf der nun derjenige Ihrer Wünsche notiert ist, der Ihnen zurzeit am wichtigsten und drängendsten erscheint. Heben Sie jedoch die ausgesonderten gut auf. Sobald Ihr erster Wunsch erfüllt ist, werden Sie sie wiederum brauchen, um das nächste Ziel auszuwählen.

- Sie haben nun eine Karteikarte vor sich, auf der Ihr augenblicklich wichtigster Wunsch verzeichnet ist.

Lassen Sie alle anderen Wünsche ganz bewusst los! Es ist wichtig, dass sich Ihre gesamte Konzentration nur auf *ein* Ziel richtet. Streichen Sie Ihre restlichen Ziele aus Ihrem Bewusstsein; Sie werden später auf sie zurückkommen. Ab jetzt zählt nur noch Ihr einziger, Ihr größter Wunsch!

Klären Sie nun anhand konkreter Fragen, ob Ihr Wunsch alle Voraussetzungen erfüllt, die für die Verwirklichung notwendig sind.

- Ist in Ihrem Wunsch der Gedanke enthalten, dass Sie sich das für Sie Richtige wünschen? Ändern Sie wenn nötig die Formulierung. Engen Sie den Wunsch nicht auf bestimmte Einzelheiten ein, sondern lassen Sie sich genügend Freiraum. Ihr Unterbewusstsein wird das für Sie Richtige finden!

- Ersehnen Sie wirklich von ganzem Herzen, dass sich Ihr Wunsch erfüllt? Haben Sie alle Folgen, die die Wunscherfüllung nach sich zieht, bedacht?

- Haben Sie alle anderen Wünsche, die der Erreichung Ihres Ziels entgegenstehen, aus dem Weg geräumt?

- Gereicht die Erfüllung Ihres Wunsches keinem anderen Menschen zum Schaden oder Nachteil?

Motivation und positives Denken – die Grundpfeiler des Erfolgs

Wenn Sie ein Ziel mit Sicherheit erreichen wollen, müssen Sie sich zunächst vergewissern, dass Ihre Motivation stark genug ist, um Sie an dieses Ziel zu bringen. Eine starke Motivation ist die Voraussetzung jeglichen Erfolgs, und ohne diesen Antrieb kommt niemand vorwärts.

Wenn Sie während des Backens den Ofen, also die treibende Kraft, ausschalten, so wird der »Teig Ihrer Wünsche« natürlich auch nicht aufgehen, und Sie werden am Ende ein halbfertiges, ungenießbares Produkt aus dem Ofen holen. Deshalb müssen Sie, wenn Sie Ihr Ziel wirklich erreichen wollen, ständig das Feuer der Begeisterung in sich erhalten.

Folgende Techniken helfen Ihnen, Ihre Motivation und Ihr Durchhaltevermögen zu festigen und sogar noch zu steigern:

1. Ersetzen Sie negative durch positive Ansätze

Negative Ansätze der Motivation sind leider auch heute noch ein weit verbreitetes Mittel der »Leistungssteigerung«. Wer kennt nicht Drohungen wie: »Wenn du nicht bald bessere Noten nach Hause bringst, bekommst du kein Taschengeld mehr!« Oder Kapitulationen wie: »Wenn ich die Prüfung nicht schaffe, komme ich aus meinem Beruf nie mehr raus!« Ein solcher Druck macht nicht nur die Arbeit unnötig schwer, sondern er gefährdet auch den Erfolg.

Kehren Sie das Prinzip doch einfach um, das heißt, konzentrieren Sie sich *nicht* auf die eventuellen Auswirkungen eines Versagens, denn eine solche Ausrichtung zieht das befürchtete Ereignis geradezu an; sie suggeriert Misserfolg. Erwarten Sie das für Sie Gute! Vergegenwärtigen Sie sich ständig, wie schön es sein wird, wenn Sie Ihr Ziel erreicht haben. Sehen Sie sich am Ziel. Diese Art zu denken findet folgerichtig im nächsten Punkt ihre Ergänzung.

2. Belohnen Sie sich, wenn Sie es verdient haben

Gönnen Sie sich gelegentlich ruhig selbst einen Belohnung, wenn Sie eines Ihrer Ziele oder auch nur ein Etappenziel erreicht haben. Wählen Sie jedoch eine angemessene Belohnung, und zwar immer dann, wenn Sie auf Ihrem Weg einen deutlichen Fortschritt erzielt haben.

3. Setzen Sie sich Etappenziele

Wenn Sie sich ein hochgestecktes Ziel gesetzt haben, sollten Sie am besten mehrere Etappenziele festlegen.

Jedes erreichte Etappenziel beweist Ihnen Ihren Erfolg und ermutigt Sie zu weiterem Fortschritt. Wenn Sie auf ein allzu fernes Ziel hinarbeiten – und sei es noch so groß –, besteht die Gefahr, dass Sie unterwegs die Geduld und den inneren Antrieb verlieren. Sobald Sie jedoch sehen, dass Sie einzelne Etappen Ihres Weges meistern können, werden Sie sich ermutigt fühlen, den Rest des Weges mit umso mehr Freude zu gehen. Nichts spornt so sehr an wie der Erfolg!

4. Erwählen Sie sich einen Menschen zum Vorbild

Wir alle lernen und arbeiten leichter, wenn wir ein Vorbild haben, dem wir nacheifern können. Suchen deshalb auch Sie sich einen Menschen, der Ihnen Vorbild sein kann, und streben Sie diesem nach. Sie können sich auch nur eine bestimmte Eigenschaft dieses anderen Menschen zum Vorbild nehmen, die Sie selbst gerne in sich verwirklichen möchten. Betrachten Sie im Geiste immer wieder Ihr Vorbild und vergleichen Sie sich mit diesem.

Die schöpferische Macht des Geistes

Es wurde noch nie etwas vollbracht, das nicht vorher im Geiste vorweggenommen worden war. Zuerst kommt die Idee, dann die Verwirklichung. Zunächst bauen wir »Luftschlösser«, wir »spielen mit Gedanken«, dann erst versuchen wir, unsere jeweilige Vorstellung in die Wirklichkeit zu übertragen.

Wenn es also für uns einen Weg gibt, unser Leben wirklich von Grund auf aktiv und bewusst selbst zu gestalten, so muss dieser Weg von den Ursachen unseres Seins und unserer Lebensumstände seinen Ausgang nehmen: von unserem Denken.

Aus einem Gedankenspiel wird nach und nach ein fertiges Bild, eine feste bildhafte Vorstellung, die auf Verwirklichung drängt. Solche Vorstellungsbilder sind unser Hauptantrieb; sie spornen uns an. Immer wieder liest man über berühmte Menschen, die ihr bildhaftes Ziel vor Augen hatten, und zwar bei allem, was sie taten, bis sie es schließlich erreicht hatten.

Genauso müssen auch Sie vorgehen: Halten Sie unbeirrbar – und in möglichst plastischen Vorstellungsbildern – an Ihrem Ziel fest, und die notwendigen Schritte zur Erreichung des Ziels werden sich von allein in Ihr Bewusstsein drängen. Ein detailliertes und bildhaftes Vorstellungsbild des Zustandes nach der Erreichung unseres Zieles ist Voraussetzung für das, was wir erreichen wollen. Konzentrieren Sie Ihre Energie auf die Wunscherfüllung! Es gibt aber noch andere Faktoren, die die Erfüllung unserer Wünsche entscheidend fördern:

1. Der Wille als Antriebskraft

Der unbedingte Wille zum Erfolg, die unerschütterliche Ausrichtung auf das einmal ins Auge gefasste Ziel bringt Sie der Erfüllung Ihres Wunsches entscheidend näher.

Zwar versetzt der Wille nicht »Berge«, wie der Glaube, aber der Wille lädt Ihr Streben mit Kraft auf und gibt ihm Beständigkeit. Je stärker und entschiedener Ihr Wille, etwas zu erreichen, ist, umso stärker drängt er auch auf die Verwirklichung Ihrer Wunschvorstellungen.

2. Die Lebendigkeit des Vorstellungsbildes

Die Erfahrung hat gezeigt, dass sich unserem Unterbewusstsein ein lebendiges Bild eines Wunsches leichter einprägt als ein unbewegtes, sozusagen statisches Bild. Lassen Sie Ihre Wunschvorstellung also möglichst in Form eines kleinen »Films« oder einer kurzen, einprägsamen Szene immer wieder vor Ihrem geistigen Auge ablaufen. Nehmen Sie diese Szene mit allen Ihren Sinnen wahr. Überlassen Sie sich ganz dem Eindruck der Gegenwärtigkeit des von Ihnen angestrebten Zustandes.

3. Der unerschütterliche Glaube

Glauben Sie unerschütterlich daran, dass sich Ihr Wunsch erfüllen wird. Sie müssen fest davon überzeugt sein, dass Ihr Ziel bereits in greifbarer Nähe liegt. Sie dürfen dies nicht nur hoffen, Sie müssen es glauben!

4. Die freudige Zielstrebigkeit

Wenn Sie sich Ihre Wunschvorstellung vor Ihr geistiges Auge rufen, sollten Sie eine Erregung verspüren, als stünden Sie unmittelbar vor der Erreichung Ihres Ziels, als werde Ihr Wunsch innerhalb der nächsten Minuten erfüllt. Ihr gesamtes Fühlen und Ihre gesammelte Aufmerksamkeit müssen von Ihrem inneren Wunschbild ausgefüllt sein! Je stärker Ihre freudige Erwartung ist, umso ausschließlicher wird sie auch Ihre Aufmerksamkeit auf Ihr Ziel richten.

5. Die empfehlenswerte Geheimhaltung

Sicher kennen Sie den Brauch, dass man still für sich einen Wunsch äußern darf, wenn man eine Sternschnuppe vom Himmel fallen sieht; es ist jedoch nicht gestattet, diesen Wunsch laut auszusprechen: man muss ihn bis zu seiner Erfüllung geheim halten. Dieser

»Zwang« zur Geheimhaltung unseres innigsten Wunsches ist nicht nur eine abergläubische Spielerei, sondern er gewährleistet, dass die Verwirklichung unseres Wunsches nicht aufgrund zweifelnder Bemerkungen unserer Mitmenschen gefährdet wird. Wenn niemand von unseren Wünschen weiß, kann uns auch niemand vorhalten, unser Vorhaben sei nicht realisierbar. Ungestört wird so Tag für Tag mehr Energie in die Wunschvorstellung fließen, und jeden Tag wird sie uns immer mächtiger zur Verwirklichung unseres Zieles drängen.

Steuern Sie Ihr Denken

Unsere Gedanken steuern unser Handeln. Wenn wir bestimmte Handlungen oft genug wiederholen, so werden sie uns zur Gewohnheit. Unsere Gewohnheiten wiederum prägen unseren Charakter, und unser Charakter gestaltet unser Schicksal. Letztlich sind es also unsere Gedanken, die Situationen herbeiführen und den Lauf unseres Schicksals bestimmen. Erst wenn wir gelernt haben, mit unseren Gedanken in der richtigen Weise umzugehen, können und sollten wir bewusst die Gestaltung unseres Lebens übernehmen.

Die Wirksamkeit Ihres Denkens hängt im Übrigen entscheidend davon ab, dass Sie sich den von Ihnen angestrebten Zustand in positiven Bildern vorstellen und zutiefst an die Erfüllung Ihres Wunsches glauben.

Erst wenn diese beiden Bedingungen erfüllt sind, kann sich Ihr Wunschgedanke realisieren. Ist hingegen Ihre bildhafte Vorstellung des erwünschten Endzustands zwar positiv, fehlt Ihnen jedoch der Glaube an die Erfüllung Ihres Wunsches, so werden Sie keinen Erfolg haben. Wenn Sie sich eine falsche oder unangemessene Vorstellung von dem gewünschten Zustand machen, so nützt Ihnen auch aller Glaube an die Verwirklichung Ihres Wunsches nichts, denn es wird sich unvermeidlich eine unvollkommene oder unerwünschte Vorstellung verwirklichen.

Erst wenn Sie von einem rundum positiven Bild des von Ihnen ersehnten Endzustands und zugleich von dem erwartungsvollen Gefühl des Glaubens an seine Verwirklichung ganz erfüllt sind, wird Sie die Kraft Ihres Denkens zum Ziel tragen. Die Wirkung Ihrer Gedanken hängt direkt von Ihrem Vertrauen und der Stärke Ihres Glaubens ab.

Seien Sie daher bestrebt, immer in positiven Vorstellungsbildern zu denken, und seien Sie unbeirrbar in Ihrem Glauben an den Erfolg. Diese beiden Merkmale sind unverwechselbare Kennzeichen eines jeden erfolgreichen Menschen.

Die Praxis des Mental-Trainings

Jede Meditation und jedes Gebet – auch Beten ist ja Meditieren – verlangen die Einhaltung bestimmter Formen. Wer meditieren möchte, muss sich zuvor sammeln, eine die innere Sammlung begünstigende Körperhaltung einnehmen und seine Atmung regulieren.

Entwickeln Sie für Ihre Trainingssitzungen ein Ritual

Natürlich kann man eine Meditationssitzung auch frei gestalten, aber die meisten Lehrer empfehlen die Einhaltung bestimmter ritueller Formen, da der Schüler nur so den größtmöglichen Erfolg und Nutzen erzielen kann.

Ich möchte Ihnen daher nachstehend diejenigen Meditationsvoraussetzungen und -vorbereitungen erläutern, die sich erfahrungsgemäß in vielen Schulen als hilfreich und nützlich erwiesen haben und sich problemlos einhalten beziehungsweise durchführen lassen.

1. Praktizieren Sie das Mental-Training möglichst täglich zur gleichen Zeit

Es ist ratsam, das Mental-Training jeden Tag zur gleichen Zeit zu üben. Dies hat den Vorteil, dass Ihr Unterbewusstsein sich an diesen Rhythmus gewöhnt und schon nach kurzer Zeit aktiver und bereitwilliger »mitarbeitet«, als dies sonst der Fall wäre. Wenn das Mental-Training erst einmal einen festen Platz in Ihrem Leben einnimmt, wird Ihr Unterbewusstsein regelmäßig an Ihre Trainingszeit erinnern.

Wählen Sie für Ihre tägliche Übung jedoch einen Zeitpunkt, den Sie auch tatsächlich regelmäßig einhalten können. Sie sollten während der täglichen Übungszeit völlig frei von Zeitdruck sein; denn Ihre Aufmerksamkeit soll sich ja ganz auf das Mental-Training richten. Sorgen Sie dafür, dass Sie während Ihrer Trainingszeit von nichts und niemandem gestört werden und wählen Sie im Übrigen einen Zeitpunkt, da Sie im Allgemeinen nicht zu müde sind.

2. Wählen Sie einen geeigneten Ort

Praktizieren Sie das Mental-Training nur an einem Ort, an dem Sie gegen Geräusche aller Art gut abgeschirmt sind und an dem Sie sich wohl fühlen. Üben Sie bei gedämpftem Licht oder zünden Sie eine Kerze an.

Schaffen Sie eine Atmosphäre, die beruhigend und entspannend auf Sie wirkt. Lüften Sie Ihren »Übungsraum« vor jeder Sitzung, damit Ihnen genügend Sauerstoff zur Verfügung steht. Tragen Sie locker sitzende Kleidung und lösen Sie Ihren Gürtel. Nichts sollte Sie beengen!

3. Üben Sie nicht mit »vollem Bauch«

»Ein voller Bauch studiert nicht gern«, heißt es, und derselbe Grundsatz gilt natürlich auch für das Mental-Training. Doch nagender Hunger ist der Konzentration genauso hinderlich. Nehmen Sie vor einer Sitzung also am besten nur eine kleine Mahlzeit zu sich.

Am wirksamsten ist das Training, wenn Sie es regelmäßig abends vor dem Einschlafen praktizieren, weil Ihr Wunschgedanke dann während des Schlafes im Unterbewusstsein »nachschwingen« kann. Und abends sollten Sie ja ohnehin keine größere Mahlzeit zu sich nehmen, weil dies Ihren Schlaf unnötig belasten würde.

4. Ritualisieren Sie den Übungsablauf

Unser Unterbewusstsein lässt sich von einer feierlichen Stimmung oder einem sich regelmäßig wiederholenden Ritual besonders stark beeindrucken. Sie sollten daher die das Mental-Training einleitenden Handlungen in ritualisierter Form ausführen, damit Ihr Unterbewusstsein »weiß«, dass die nun folgenden Übungen etwas ganz Besonderes sind und Ihre ganze Aufmerksamkeit erfordern. Entwickeln Sie beispielsweise einen bestimmten Bewegungsablauf, den Sie ausschließlich der Einstimmung in das Mental-Training vorbehalten.

Entscheidend ist, dass Ihre tägliche Übungszeit sich durch eine gewisse Feierlichkeit aus Ihrer üblichen Alltagsroutine heraushebt. Welche Rituale Sie zu diesem Zweck auswählen, ist ganz Ihnen überlassen. Sie können beispielsweise:

- Während Ihrer täglichen Sitzungen immer ein bestimmtes Gewand, etwa einen Kimono tragen.
- Vor dem Mental-Training regelmäßig Ihr Gesicht und Ihre Hände waschen, wie es dem sufischen Reinigungszeremoniell entspricht.
- Sich zur Einstimmung in Demut vor der *einen* Kraft ein- oder mehrmals verbeugen.
- Vor jeder Sitzung ein Vaterunser beten oder sich bekreuzigen.
- Einen besonderen Teppich reservieren, auf dem Sie während des Mental-Trainings stehen, knien oder liegen.
- Nach dem Vorbild der japanischen Teezeremonie nach einem genau festgelegten Ritual eine Schale Tee trinken.

Die geeignetste Sitzhaltung ist der Pharaonensitz

Grundsätzlich bleibt es Ihnen selbst überlassen, in welcher Körperhaltung Sie das Mental-Training praktizieren möchten. In einem sind sich allerdings alle Kenner geistiger Trainingsmethoden einig: dass während der Meditation und vergleichbarer geistiger Übungen die Wirbelsäule so gerade wie möglich sein sollte, damit der Fluss der feinstofflichen Energien im Körper nicht unterbrochen wird.

Eine der klassischen Haltungen der Versenkung ist der beispielsweise im Zen-Buddhismus übliche Diamant- oder Fersensitz. Der Meditierende »kniet« in dieser Position auf dem Boden und lässt sein Gesäß so weit nach hinten sinken, dass es auf den Fersen ruht. In dieser Haltung zu sitzen ist jedoch für ungeübte Europäer im Allgemeinen ziemlich schmerzhaft. Wenn Sie an den Fersensitz gewöhnt sind, können Sie natürlich ohne weiteres in dieser Position trainieren.

Sollte Ihnen diese Körperstellung allerdings unangenehm sein, so empfehle ich Ihnen die aufrechte Sitzhaltung, den so genannten Pharaonensitz. Sie sitzen auf einem Stuhl mit senkrechter Rückenlehne. In dieser Sitzhaltung wird die Wirbelsäule gerade, aber locker gehalten, der Kopf befindet sich in aufrechter Position, die Hände ruhen locker auf den leicht gespreizten

Oberschenkeln. Die Sitzhöhe des Stuhls muss unbedingt der Länge der Unterschenkel des Übenden entsprechen, so dass sich dessen Oberschenkel in einer waagerechten, die Unterschenkel in einer senkrechten Position befinden und die Füße mit der gesamten Sohle zwanglos auf dem Boden stehen.

Seien Sie jedoch anfangs nicht zu ehrgeizig! Auch diese Sitzhaltung will erlernt sein. Wichtiger als das ausdauernde Sitzen ist am Anfang das entspannte, unverkrampfte Sitzen. Machen Sie deswegen ruhig öfter einmal eine Pause und begnügen Sie sich damit, mehrmals am Tag für kurze Zeit die richtige Haltung einzunehmen.

Lernen Sie, sich zu entspannen

Bevor Sie mit dem eigentlichen Mental-Training beginnen können, müssen Sie in der Lage sein, sich körperlich und geistig-seelisch vollkommen zu entspannen. Denn nur im Zustand tiefer Entspannung erreichen Sie den schöpferischen Bewusstseinszustand, und nur in der Entspannung können Sie Ihre gesamte Konzentration und Ihre Kraft auf das plastische Vorstellungsbild des von Ihnen erstrebten Ziels richten, das Sie ja schließlich mithilfe des Mental-Trainings erreichen möchten.

Nachstehend finden Sie daher einige Übungen, die es Ihnen gestatten, sich auf Wunsch jederzeit körperlich und sodann auch geistig-seelisch zu entspannen. Sie werden feststellen, dass es eine ganze Reihe von Übungen gibt, die nur verschiedene Wege zur Entspannung sind.

Widmen Sie der von Ihnen bevorzugten Entspannungsübung anfangs ruhig etwas mehr Zeit, denn dieser Zeitaufwand wird sich bezahlt machen. Wenn Sie Ihre persönliche Entspannungsübung erst einmal beherrschen, so werden Sie sich in Zukunft mühelos innerhalb weniger Sekunden auf das Mental-Training einstimmen können.

Im Grunde genommen lassen sich körperliche und geistig-seelische Entspannung nicht voneinander trennen. Da ich Ihnen im Folgenden jedoch in erster Linie körperliche Entspannungstechniken vorstellen werde, möchte ich Sie zuvor noch auf die besondere Bedeutung der geistig-seelischen Entspannung hinweisen.

Die Wirksamkeit des Mental-Trainings hängt direkt von der Konzentration ab, mit der Sie Ihr großes Ziel ansteuern. Starke negative Emotionen wie etwa Zweifel, Angst oder Sorgen stören und beeinträchtigen Ihre Konzentration. Lassen Sie sich daher auch emotionell und geistig während der Entspannung vollkommen los. Machen Sie sich während des Mental-Trainings innerlich frei und streifen Sie destruktive Gedanken und

Gefühle förmlich ab wie einen Handschuh! Um Erfolg zu haben, müssen Sie Ihre gesamte Energie auf Ihr Ziel konzentrieren, und nichts darf Sie dabei stören.

Zur Unterstützung Ihrer Konzentration können Sie sich während oder kurz vor der körperlichen Entspannung vorstellen, wie sich Ihr Kopf langsam leert, oder, wenn Ihnen diese Vorstellung mehr zusagt, von tiefer, beruhigender Schwärze.

Beobachten Sie dann, wie alle Gedanken und Gefühle sich zurückziehen, und spüren Sie die unendliche Ruhe, die jetzt eintritt. Wenn Sie sich im Zustand völliger geistig-seelischer Ruhe befinden, werden Sie auch die körperliche Entspannung wesentlich schneller, leichter und intensiver erreichen.

Es gibt eine ganze Reihe körperlicher Entspannungsmethoden. Die wichtigsten möchte ich Ihnen im Folgenden vorstellen:

1. Gezielte Gymnastik

Wenn Sie unter Verspannungen im Schulter- und Nackenbereich leiden, werden Sie es als sehr wohltuend empfinden, wenn Sie mithilfe einer gezielten Gymnastik die entsprechenden Muskeln bereits vor Beginn des Mental-Trainings bewusst lockern. Diese Gymnastik sollte Sie jedoch ausnahmsweise einmal nicht zum Schwitzen bringen. Begnügen Sie sich damit, alle Muskeln und Sehnen kräftig zu dehnen und zu strecken. Wenden Sie zu diesem Zweck jedoch nicht allzu viel Kraft auf, sondern machen Sie nur weite, fließende Bewegungen.

Lassen Sie zunächst Ihre Arme vorwärts und rückwärts kreisen, darauf folgen das Schulterkreisen in beide Richtungen und das Hüftkreisen. Heben Sie anschließend die Arme in die Waagerechte und schwingen Sie einige Male bei ausgestreckten Armen mit dem Oberkörper von links nach rechts und umgekehrt, während Sie mit den Füßen fest auf dem Boden stehen bleiben. Lassen Sie dann einmal den Oberkörper so weit wie möglich nach vorne hängen! Strengen Sie sich jedoch nicht an, möglichst tief nach unten zu kommen, sondern lassen Sie den Körper nur so weit vornüber hängen, wie er dies ohne Kraftaufwendung von alleine zu tun vermag. Erheben Sie sich langsam wieder in eine aufrechte Stellung und lockern Sie anschließend Ihre Beine, indem Sie sie nach allen Seiten hin »ausschütteln«.

Beschließen Sie Ihre Gymnastik mit der Lockerung Ihrer Halsmuskeln. Lassen Sie zunächst den Kopf abwechselnd auf die Brust und in den Nacken fallen, dann nach rechts und links in Richtung der beiden Schultern. Nach einigen Wiederholungen dieser Übung kreisen Sie noch ein paar Mal mit dem Kopf in beide Richtungen.

2. Die progressive Muskelentspannung

Die progressive Muskelentspannung ist eine Methode, mithilfe der systematischen Anspannung bestimmter Muskelpartien den ganzen Körper zu entspannen. Zu diesem Zweck werden die einzelnen Muskeln nacheinander für einige Sekunden angespannt und in dieser Spannung gehalten und dann durch spontanes Loslassen der Kontraktion bewusst entspannt. Jede einzelne dieser Übungen kann zur Verstärkung der erwünschten Wirkung auch noch einmal wiederholt werden. Das Gefühl der Entspannung nach dieser Übung gleicht dem Gefühl von Müdigkeit und Schwere, das wir nach harter körperlicher Arbeit verspüren.

Beginnen Sie mit Ihrer rechten Hand und fahren Sie dann mit Ihrem rechten Arm, der linken Hand und dem linken Arm, dem rechten und linken Bein, dem Gesäß, dem Bauch und Rücken, den Schultern, dem Hals und den Gesichtsmuskeln fort. Spannen Sie die entsprechenden Muskeln jeweils so stark an, wie Sie können und halten Sie diesen Zustand für etwa sieben Sekunden aufrecht.

Dann lassen Sie die jeweiligen Muskeln plötzlich und spontan wieder los. Dieses plötzliche Loslassen der angespannten Muskeln ist wichtig, da eine langsame und zögerliche Entspannung nicht die gleiche positive Wirkung hat.

Schütteln Sie zum Schluss noch einmal Ihren ganzen Körper gut durch und vergegenwärtigen Sie sich auf diese Weise den Zustand Ihrer körperlichen Entspanntheit.

3. Das Körperpendeln

Nehmen Sie zunächst eine aufrechte Stehhaltung ein. Beginnen Sie dann ganz langsam mit dem Körper nach vorne zu wippen, und zwar so weit, dass Sie gerade noch problemlos stehen können. Anschließend lassen Sie sich langsam wieder zurückfallen, dann pendeln Sie in die entgegengesetzte Richtung, nach hinten. Pendeln Sie so etwa für eine Minute ruhig und gleichmäßig hin und her, lassen Sie dann die Bewegungen immer kleiner werden und verändern Sie die Bewegungsrichtung so, dass Sie schließlich seitwärts pendeln.

Verfahren Sie dann wieder wie vorher, nur dass Sie mit dem Körper nun nach rechts und links pendeln. Lassen Sie auch diese Bewegungen mit der Zeit immer kleiner werden. Danach kreisen Sie mit dem ganzen Körper um Ihren eigenen Mittelpunkt, erst im Uhrzeigersinn und dann andersherum. Lassen Sie die Kreise allmählich enger werden, so eng, bis sie von einem Außenstehenden kaum mehr als Bewegung wahrgenommen werden können. Dann kommen Sie irgendwann zur Ruhe und verharren eine Weile in dem neu gefundenen Mittelpunkt. Genießen Sie die Ruhe, die eintritt, wenn Sie Ihre Mitte gefunden haben.

Diese Übung ist besonders dann zu empfehlen, wenn Sie sich wieder in innere Harmonie bringen möchten.

Die nachstehend beschriebenen Entspannungsübungen lösen gleichermaßen körperliche und seelische Entspannung aus. Solche Techniken sind:

4. Das Rückwärtszählen

Wenn Sie bisher nur wenig geübt sind auf dem Gebiet der Entspannung, so schlage ich Ihnen folgende grundlegende Übung vor, die selbst in hartnäckigen Fällen ein Gefühl für körperliche und geistig-seelische Entspannung vermittelt: das Rückwärtszählen.

Legen Sie sich auf eine Liege oder eine andere nicht allzu weiche Unterlage und schließen Sie die Augen.

Zählen Sie nun langsam rückwärts von hundert bis eins, wobei zwischen zwei Zahlen jeweils ein zeitlicher Abstand von etwa zwei Sekunden liegen sollte.

Versuchen Sie, wenn möglich, jede Zahl auch vor Ihrem geistigen Auge zu *sehen*. Konzentrieren Sie sich auf jede einzelne Zahl, erfassen Sie diese bewusst. So werden Sie die erste Stufe der Entspannung, den Alphazustand erreichen.

Entspannungsfördernd ist es auch, wenn Sie die

Augen, während Sie zählen, bei geschlossenen Lidern nach oben in Richtung Ihrer Nasenwurzel richten, denn schon allein diese Augenstellung veranlasst Ihr Gehirn, Alphawellen zu produzieren.

Mit der Methode des Rückwärtszählens werden Sie den Alphazustand zwar schon beim ersten Versuch erreichen; es wird jedoch noch eine Übungszeit von einigen Wochen notwendig sein, damit Sie diesen Zustand weiter vertiefen und über einen längeren Zeitraum aufrechterhalten können und schließlich in den Thetazustand gelangen. Wenn Sie zehn Tage lang rückwärts von hundert bis eins gezählt haben, reicht es schon, wenn Sie nur noch von fünfzig bis eins zählen; nach weiteren zehn Tagen zählen Sie nur noch von fünfundzwanzig bis eins, dann von zehn bis eins und schließlich nur noch routinemäßig von sieben bis eins.

Wenn Sie auf dieser Stufe angelangt sind und nur noch von sieben bis eins zu zählen brauchen, dann können Sie das Rückwärtszählen mit der nachstehend beschriebenen Farbimagination verbinden.

5. Die Farbentspannung

Die Farbentspannung beruht darauf, dass Sie sich in einer festen Reihenfolge sieben verschiedene Farben vorstellen und bei jeder einzelnen dieser Farbvorstellungen einen Teil Ihres Körpers bewusst loslassen und entspannen. Wenn Sie sich entspannen möchten, sollten Sie sich die sieben Farben in dieser Reihenfolge vor Ihr inneres Auge rufen: Rot – Orange – Gelb – Grün – Blau – Lila – Violett. Stellen Sie sich zunächst die Farbe Rot kräftig und leuchtend vor, so dass Sie ein intensives Farbempfinden während dieser Imagination haben. Halten Sie diese Vorstellung etwa dreißig Sekunden bis zwei Minuten lang aufrecht. Dann lassen Sie die Farbe Rot los und gehen über zu der Farbe Orange. Während Sie so von einer Farbe zur nächsten übergehen, sollten Sie sich immer wieder die im autogenen Training gebräuchliche Formel vorsprechen: Meine Beine werden nun schwer wie Blei, immer schwerer und schwerer, und ein angenehmes Wärmegefühl durchströmt meine Beine.

Allein die Anwendung dieser Formel hat schon eine entspannende Wirkung; die Farbvorstellungen verstärken diese Wirkung jedoch noch. Jede der Farben führt Sie geistig-seelisch auf eine tiefere Ebene der Entspannung, bis Sie bei Violett die tiefste Stufe der Entspannung erreicht haben.

Sollten Sie das Gefühl haben, dass bei der Farbentspannung nichts geschehen sei, so liegt das wahrscheinlich daran, dass Sie schon in der Vergangenheit des Öfteren im Alphazustand gewesen sind, ohne dies zu bemerken. Üben Sie einfach beständig weiter, um Ihre Entspannungsfähigkeit noch weiter zu vertiefen!

6. Die Körperwanderung

Am besten führen Sie diese Übung im Liegen durch, damit Sie alle Muskeln Ihres Körpers ungehindert entspannen können. Achten Sie besonders darauf, dass die Wirbelsäule, der Hals und der Kopf gerade liegen und eine Waagerechte bilden. Die Unterlage, auf der Sie liegen, sollte deshalb nicht zu weich sein.

Lenken Sie nun Ihre gesamte Aufmerksamkeit auf Ihren rechten Arm. Wandern Sie dann bewusst Ihren Arm hinunter bis zu Ihrem Daumen und konzentrieren Sie Ihre Aufmerksamkeit auf den Daumen. Die Konzentration auf Ihren Daumen sollte am Ende so stark sein, dass Sie nur noch diesen wahrnehmen oder ihn doch wenigstens wesentlich bewusster und intensiver wahrnehmen als Ihren restlichen Körper. Wenn Ihr Körperbewusstsein weitgehend auf den Daumen konzentriert ist, beginnen Sie damit, den Daumen ganz bewusst zu entspannen. Erspüren Sie alle seine Muskeln und entspannen Sie diese dann bewusst.

Wandern Sie dann mit Ihrer Aufmerksamkeit in den nächsten Finger und verfahren Sie dort auf die gleiche Weise. Wandern Sie auf diese Weise durch Ihren gesamten Körper. Wenn Sie Schwierigkeiten haben, sich zu entspannen, sollten Sie zunächst mithilfe der beschriebenen Methode jedes einzelne Organ Ihres Körpers entspannen.

Am Anfang werden Sie vielleicht noch Schwierigkeiten haben, ein Organ einzeln, also ganz isoliert, zu erspüren. Mit zunehmender Übung werden Sie sich jedoch in jeden Teil Ihres Körpers hineinversetzen können.

7. Die innere Rolltreppe

Im Anschluss an die liegend ausgeführte Körperwanderung können Sie in derselben Position auch gleich die »imaginäre Rolltreppenfahrt« durchführen.

Schließen Sie die Augen und stellen Sie sich vor, wie Sie auf einer Rolltreppe langsam abwärts fahren. Während dieser Fahrt lassen Sie alle störenden Gefühle und Gedanken »oben« am Anfang der Treppe zurück, und je tiefer Sie fahren, umso ruhiger und entspannter werden Sie. Unten angekommen beginnt schon die nächste Rolltreppe, um Sie noch tiefer zu tragen, immer tiefer in die Entspannung. Fahren Sie so lange abwärts, bis es nicht mehr weitergeht, oder aber, bis Sie völlig entspannt sind. Dann bleiben Sie einfach dort, wo Sie sich gerade befinden. Das Bild der Rolltreppenfahrt eignet sich besonders gut als Auslöser Ihrer täglichen Entspannung.

8. Die Hong-Soh-Atmung

Eine der Grundübungen, um körperliche, aber auch geistig-seelische Entspannung zu erreichen, ist die Beobachtung des Atems. Sie brauchen dabei nichts weiter zu tun, als Ihre volle Konzentration auf Ihren Atem zu lenken und den Fluss Ihres Atems zu beobachten. Beobachten Sie Ihren Atem jedoch mit voller Konzentration, denn es ist ja Ihr Ziel, Ihre Gedanken und Gefühle zu beruhigen und auf einen Punkt zu konzentrieren.

Eine besondere Technik der Atementspannung ist die Hong-Soh-Atmung. Stellen Sie sich, während Sie einatmen, einfach vor, dass Sie innerlich den Laut »Hong …« hören. Atmen Sie nun langsam ein und dehnen Sie den Laut so weit aus, wie es Ihnen, ohne sich anzustrengen, möglich ist. Beim Ausatmen sollten Sie dann innerlich den Laut »Soh …« hören, und zwar ebenfalls so ausgedehnt, wie es Ihnen Ihre Atemkapazität gestattet.

Diese Übung hat mehrere Auswirkungen: Zum einen sind die beiden Silben so gewählt, dass man sie beliebig lang dehnen kann, jeder nach seiner Atemkapazität. Der innerlich wahrgenommene Laut wirkt schon als solcher entspannend und beruhigend. Zum anderen regen die beiden Laute eine für die Entspannung so wichtige tiefere Ein- beziehungsweise Ausatmung an.

Das Lautgebilde Hong-Soh ist aber zugleich auch ein Mantra und bewirkt bei ständiger Wiederholung eine Art innerer Erleuchtung oder wichtiger Erkenntnis und ist somit der Persönlichkeitsentwicklung förderlich. Im Übrigen dient es dem Denken als Fixpunkt, an dem es sich »festhalten« kann, denn wenn ein störender Gedanke auftaucht, kann der Übende geistig zu den beiden Silben Hong-Soh zurückkehren.

9. Die Wärmeübung

Die Wärmeübung, die dem autogenen Training entlehnt ist, ist nicht nur eine bewährte Entspannungsübung, sondern sie vermag auch gezielt Verspannungen im Bauch- und Brustraum aufzulösen.

Vorbereitend sollten Sie sich vorstellen, dass Sie in der Badewanne liegen und das angenehm warme Wasser Ihren ganzen Körper umspült. Diese Vorstellung ist eine gute Imaginationsübung, und Sie sollten die sanften Bewegungen des Wassers auf der Haut und seine Wärme mit allen Ihren Sinnen deutlich spüren.

Wenn Sie dieses Bild ganz klar vor Ihrem geistigen Auge sehen und die Wärme des Wassers körperlich intensiv spüren, können Sie zur eigentlichen Wärmeübung übergehen.

Stellen Sie sich beim Einatmen vor, dass eine spürbare, angenehme Wärme in Ihren Brustraum fließt.

Beim Ausatmen strömt diese Wärme langsam und kontinuierlich ganz tief in den Bauch hinein und bis zum Beckenboden hinunter.

Lassen Sie diese Wärme bei jedem Atemzug zischen Ihrer Brust und Ihrem Bauch hin- und herwandern und verlangsamen Sie Ihren Atemrhythmus immer mehr, so dass auch die Wärme in Ihnen immer ruhiger strömt. Führen Sie diese Übung zunächst bei geschlossenen, später bei offenen Augen durch, damit Sie sie jederzeit, auch nebenbei, ausführen können.

Die Wärmeübung wird Ihnen nicht nur zu tieferer Entspannung verhelfen, sondern Sie auch in die Lage versetzen, sich jederzeit zu »entstressen«.

Die Fähigkeit, sich zu entspannen ist für den Erfolg des Mental-Trainings ganz besonders wichtig. Praktizieren Sie daher regelmäßig die Ihnen am meisten zusagende Methode, am besten jedoch die Farbentspannung.

Lernen Sie, sich zu konzentrieren

Das Geheimnis der Konzentration besteht darin, alle Energie auf einen Punkt zu richten, das heißt, einer einzigen Sache seine ausschließliche Aufmerksamkeit zu schenken.

Wenn Sie Ihre Konzentrationsfähigkeit steigern

möchten, sollten Sie zunächst lernen, sich von Ihren Tätigkeiten faszinieren zu lassen. Denn auf Beschäftigungen, die uns faszinieren, richten wir unsere Aufmerksamkeit gern. Eine positive Geistes- und Gefühlshaltung gegenüber Ihren Pflichten und Aufgaben wird daher auch Ihr Konzentrationsvermögen erheblich steigern. Aus diesem Grund ist es auch so wichtig, dass Sie alles, was Sie tun, mit Freude tun. Wenn Ihre berufliche Tätigkeit Sie erfüllt und Sie mit Freude arbeiten, so wird auch das Ergebnis Ihrer Arbeit zufrieden stellend sein. Letztlich hat jede Tätigkeit faszinierende Aspekte, die es nur zu erkennen gilt.

Betrachten Sie Ihre Arbeit als:

- Aktivurlaub,
- dynamische Meditation,
- Weg der Selbstverwirklichung,
- Mittel der Bewusstseinserweiterung,
- Konzentrationsübung,
- Geschenk (da Sie nicht arbeitslos sind).

Wiederholen Sie daher, während Sie arbeiten, gelegentlich den Leitspruch: »Je länger ich mich bei der Arbeit erhole, umso froher und frischer werde ich.«

Im Folgenden möchte ich Ihnen nun eine Reihe von Konzentrationsübungen vorstellen, die sich in der Praxis immer wieder bewährt haben.

1. Das Punktsehen

Die optimale Konzentration und Fixierung Ihres Denkens auf Ihr angestrebtes Endziel erreichen Sie am besten mithilfe einer Übung, die auch im Yoga und aufgrund vieler anderer bewährter Methoden schon seit langem praktiziert wird.

Zeichnen Sie zunächst einen schwarzen Punkt auf ein Blatt Papier und befestigen Sie dieses Blatt dann in Augenhöhe an einer geeigneten Wand. Nehmen Sie ein bis zwei Meter von dieser Wand entfernt auf einem Stuhl Platz und blicken Sie in Richtung des Punktes. Entspannen Sie sich so weit, wie es Ihnen möglich ist, und versuchen Sie, Ihre Wirbelsäule aufrecht zu halten.

Nun richten Sie Ihre Aufmerksamkeit auf den schwarzen Punkt. Bleiben Sie jedoch entspannt und blicken Sie ganz unverkrampft auf das Blatt Papier vor Ihnen an der Wand. Schauen Sie einfach nur auf den Punkt.

Sobald ein störender Gedanke oder eine unerwünschte Gefühlsanwandlung auftaucht, richten Sie Ihre Aufmerksamkeit erneut auf den Punkt an der Wand. Vielleicht stellen Sie sich vor, dass zwischen Ihnen und dem Punkt eine besonders intensive geistig-seelische Beziehung besteht – einem Lichtstrahl vergleichbar, der zwischen Ihnen und der Wand verläuft. Jeder Gedanke, der Sie beherrscht, und jede

Emotion, die in Ihnen aufsteigt, fließen ein in diesen Strahl, lösen sich auf und verwandeln sich in Konzentration.

Mithilfe dieser Übung können Sie Ihre Konzentrationsfähigkeit allmählich steigern. Führen Sie diese Übung jedoch jeweils nur so lange aus, wie es Ihnen ohne Verspannung möglich ist. Nehmen Sie daher mehrmals täglich die beschriebene Position ein und fixieren Sie den Punkt eine Zeit lang. Ideal wäre eine Zeitdauer von jeweils zehn Minuten. Wiederholen Sie diese Übung so lange, bis Sie jederzeit Ihre Gedanken vollständig auf den Punkt konzentrieren können. Dann hat kein Gedanke mehr die Macht, Ihre Konzentration zu stören.

2. Das Langsamlesen

Nehmen Sie einen beliebigen Text zur Hand und beginnen Sie zu lesen. Überfliegen Sie die Wörter jedoch nicht, sondern lesen Sie so langsam, dass Sie jede Silbe des Textes einzeln wahrnehmen und in Ihrem Bewusstsein nachschwingen lassen. Konzentrieren Sie auch Ihren Blick auf jede einzelne Silbe und lassen Sie die jeweiligen Buchstaben erst eine Reaktion in Ihrem Inneren auslösen, bevor Sie zur nächsten Silbe übergehen. Eilen Sie nicht in Ihren Gedanken oder mit dem Blick voraus, sondern verweilen Sie etwa drei bis fünf Sekunden auf jeder einzelnen Buchstabengruppe. Am besten lesen Sie halblaut oder laut, weil dies die Konzentration erleichtert.

Ihr Intellekt wird vielleicht gegen diese Übung revoltieren, und Sie werden sich gedrängt fühlen, schneller zu lesen, weil Sie es so gewohnt sind. Halten Sie jedoch eisern an diesem Übungsrezept fest. Nach etwa einer Minute werden Sie die ersten Anzeichen der Ruhe verspüren; dieser Zustand stabilisiert sich nach etwa fünf Minuten und kommt auch Ihrer Konzentrationsfähigkeit zugute.

3. Das Fingeröffnen

Auf einem ähnlichen Prinzip beruht die Übung des Fingeröffnens. Legen Sie Ihre locker geschlossene Faust so auf den Tisch, dass die Innenseite Ihnen zugewandt ist. Öffnen Sie nun die Faust und strecken Sie jeden Finger einzeln, jedoch so langsam, dass in keinem Moment eine Bewegung erkennbar ist. Beginnen Sie mit dem Daumen und öffnen Sie die Hand Finger für Finger so langsam, dass es den Anschein hat, Sie hielten die einzelnen Finger bewegungslos.

Sollte doch einmal eine Bewegung zu sehen sein, so verharren Sie kurz und werden Sie innerlich wieder ganz ruhig, dann fahren Sie einfach fort. Beobachten Sie in jedem Augenblick Ihre Handstellung ganz bewusst, und wenn alle Finger vollständig gestreckt sind, schließen Sie die Hand wieder auf die gleiche Weise zu einer Faust.

4. Das Langsamzählen

Zählen Sie langsam von eins bis hundert. Konzentrieren Sie sich jeweils zwei bis drei Sekunden lang auf die Zahl, bei der Sie gerade angelangt sind, dann gehen Sie zur nächsten Zahl über. Während dieser Übung darf kein anderer Gedankeninhalt auftauchen als nur die jeweilige Zahl, die Ihr Bewusstsein erfüllt. Sollte dennoch einmal ein anderer Gedanke auftauchen, so beginnen Sie wieder von vorne.

Seien Sie nicht entmutigt, wenn Sie anfangs nur bis fünf oder zehn kommen, Je weiter Sie zählen können, ohne an etwas anderes zu denken, umso größer ist Ihre Konzentrationsfähigkeit.

5. Die Erinnerungsimagination

Wenn Sie glauben, keine Zeit für die vorstehend beschriebenen Übungen zu haben, sollten Sie einfach alle Gelegenheiten des Konzentrationstrainings nutzen, die sich Ihnen im täglichen Leben bieten. Denn auch zum Beispiel die detaillierte Vergegenwärtigung eines Schaufensters, das Sie sich angesehen haben, oder eines Ihnen bekannten Gesichtes steigert Ihre Konzentrationsfähigkeit.

Üben Sie also, vergangene Situationen einige Zeit später wieder in allen Einzelheiten vor Ihr geistiges Auge zu rufen.

6. Die Fixierung der Nasenwurzel

Die klassischen fernöstlichen Meditationstechniken empfehlen dem Übenden, den Blick bei geschlossenen Augen im Geiste auf die Nasenwurzel zu richten. Dies soll bei vollkommen entspannten Gesichtsmuskeln geschehen. Yogameister sagen, dass diese Augenstellung hilft, während der Meditation unerwünschte Gedanken fern zu halten.

7. Das Schließen der Augen

Führen Sie die von Ihnen bevorzugten Übungen grundsätzlich so durch, wie es Ihnen am angenehmsten ist. In der Literatur wird im Allgemeinen nur deshalb empfohlen, die Übungen mit geschlossenen Augen auszuführen, damit die Aufmerksamkeit des Übenden nicht von den Geschehnissen der Außenwelt abgelenkt wird.

8. Die Herstellung vollkommener innerer Stille

Eines der grundlegenden Ziele fast aller spirituellen Wege ist innere Stille. Für den verstandesorientierten Menschen des Westens ist gerade dieses Ziel am schwersten zu erreichen. Dies werden Sie selbst leicht feststellen können, wenn Sie einmal kurz versuchen, an absolut nichts zu denken und keinerlei Gefühle aufkommen zu lassen. Vermutlich wird Ihnen das gar nicht oder nur für sehr kurze Zeit gelingen. Nicht umsonst sprechen Zenmeister von einer »Horde wild gewordener Affen«, wenn sie über die Macht und die Konfusion unserer sich ungezügelt austobenden Gedanken reden.

Das Bemühen um innere Stille ist eine der besten Konzentrationsübungen überhaupt. Versuchen Sie daher mehrmals täglich für kurze Zeit diesen Zustand zu erreichen. Ob nun in der Straßenbahn oder während der Frühstückspause, versuchen Sie immer wieder einmal, der Fülle Ihrer Gedanken Herr zu werden.

Eine Grundregel für die Erreichung innerer Stille lautet: Setzen Sie Ihren Gedanken und Gefühlen keinen Widerstand entgegen. Sie können ihnen nicht befehlen zu verschwinden. Sie können sich aber geistig in sich selbst zurückziehen. Nehmen Sie Ihre Gedanken und Gefühle an, aber haften Sie nicht an ihnen; lassen Sie sie genauso leicht wieder los, wie Sie sie angenommen haben.

Oder aber stellen Sie sich vor, wie Sie geistig »aus sich heraustreten«. Stellen Sie sich geistig einfach zwei Schritte neben sich und beobachten Sie Ihr Bewusstsein gleichsam »von außen«. Dann werden Sie erkennen, dass Ihr wahres Selbst nicht Ihre momentanen Regungen sind, sondern dass das Zentrum Ihrer Persönlichkeit unabhängig von der Aktivität Ihres Denkens existiert.

Eine andere Hilfsvorstellung, um den Zustand innerer Stille herbeizuführen, besteht darin, dass Sie sich gleichsam von oben her in den Kopf schauen und beobachten, wie Ihr Gehirn, einem Räderwerk vergleichbar, funktioniert, wie es in Ihrem Kopf surrt und klickt, wie es schaltet und arbeitet. Legen Sie nun im Geiste den großen Schalter auf »Stopp« und visualisieren Sie, wie die Räder Ihres inneren Uhrwerks immer langsamer werden, bis sie schließlich stillstehen und die erwünschte innere Stille in Ihnen eingekehrt ist.

Sie können sich aber auch bildhaft vorstellen, wie Sie mit einem »Radiergummi« alle Gedanken und Gefühle, die sich störend bemerkbar machen, einfach »ausradieren«!

Wenn Sie sich sozusagen wie von selbst in sich zurückziehen, so werden Sie der einen Kraft inne, die das ganze Universum durchströmt. Sie werden dann wieder eins mit dieser Kraft, weil Sie alles Überflüssige losgelassen haben. Sie spüren nun, wie es ist, wenn nichts Einzelnes mehr da ist.

Bündeln Sie in der Art eines Lasers Ihre Energien

Ein Smaragd lässt sich selbst in einem sehr heißen Ofen nicht zum Schmelzen bringen, denn er zählt zu den härtesten Mineralien. Schließt man ihn jedoch in einen Glaswürfel ein, der die einfallenden Sonnenstrahlen bündelt, so wird sich selbst der härteste Smaragd innerhalb weniger Stunden verflüssigen. In vergleichbarer Weise können auch Sie Ihre geistig-seelische Energie bis zu einem solchen Grad bündeln, dass sie wahre Wunder vollbringt.

Wie Sie beim Lesen eines fesselnden Buches oder beim Anschauen eines spannenden Filmgeschehens nichts anderes im Sinne haben als das, womit Sie sich gerade beschäftigen, dürfen Sie beim Mental-Training an nichts anderes als an Ihr Wunschziel denken. Sie sollten während des Mental-Trainings jedoch völlig entspannt sein. Sie brauchen sich willentlich gar nicht anzustrengen, wenn Ihr Wunsch nur groß genug ist. Ganz von allein wird er dann Ihre ganze Aufmerksamkeit beanspruchen, bis schließlich Ihr gesamtes

Bewusstsein von ihm erfüllt ist. Voraussetzung dafür ist allerdings, dass Ihr Wunsch Ihnen wirklich dringend und wichtig genug ist.

Wenn Sie die segensreiche Wirkung konzentrierten und zielstrebigen Denkens bisher in Ihrem Leben noch nicht erfahren haben, so liegt das wahrscheinlich daran, dass Sie Ihre Wünsche nie klar erkannt, nie formuliert, nie energisch verfolgt haben. Nicht wenige Wirkungen, die wir kraft unseres Denkens ausgelöst haben, heben sich gegenseitig auf, weil einander widersprechende Wünsche deren Verwirklichung verhindern. Einem Wollen auf der einen Seite steht oft ein Zögern oder ein Zweifel auf der anderen Seite entgegen. Aufgrund zerstreuten Denkens und unsteter oder gar widersprechender Wunschvorstellungen lassen sich natürlich keine Wirkungen erzielen.

Machen Sie doch einmal die folgende einfache Übung: Entspannen Sie sich und vergegenwärtigen Sie sich einige Minuten lang genau, was Sie denken. Fragen Sie sich währenddessen immer wieder:

- Woran denke ich jetzt genau?
- Denke ich an das, was ich mir wünsche?
- Denke ich an Unerwünschtes?

Jeder unklare und störende Gedanke lässt sich bewusst machen und durch einen klaren, aufbauenden Gedanken ersetzen.

Lernen Sie, richtig zu atmen

An der Atmung eines Menschen erkennt man untrüglich seine innere Haltung. Wer richtig atmet, ist gelassen und ruhig und befindet sich im Einklang mit sich selbst. Es lohnt sich deshalb für jeden von uns, die gesunde Vollatmung zu erlernen. Damit Sie wissen, welche Regeln Sie dabei zu berücksichtigen haben, möchte ich Sie nun mit den folgenden vier Schritten zur Erlernung der Vollatmung bekannt machen.

1. Beobachten Sie Ihre Atmung

Dies ist eine der grundlegenden Atemübungen des Yoga, und sie sollte daher mit der entsprechenden Ausdauer geübt werden.

Setzen oder legen Sie sich ruhig hin und beobachten Sie dann ganz entspannt, wie Ihr Atem ein- und ausströmt. Atmen Sie wie gewöhnlich, verbleiben Sie jedoch mit Ihrer Aufmerksamkeit unablässig bei Ihrem Atem. Sie werden schon bald feststellen, dass diese Übung Sie bereits ruhiger, gelassener und konzentrierter werden lässt.

2. Lassen Sie Ihren Atem behutsam immer tiefer in sich einströmen

Nachdem Sie Ihre Atmung in Schritt 1 beobachtet haben, wissen Sie bereits, wie tief Ihr Atem in Ihre Lungen dringt. Lassen Sie Ihre Atmung nun behutsam und ganz allmählich tiefer werden. Wichtig ist in dieser Phase, dass Sie sich nicht anstrengen, sondern einfach den Atem in sich einströmen lassen. Überlassen Sie sich völlig passiv Ihrer Atmung. Es wird Ihnen eine Hilfe sein, wenn Sie möglichst tief ausatmen, denn wenn Sie richtig ausgeatmet haben, wird der Atem ganz von selbst gelöst und frei wieder in Sie einströmen.

3. Lassen Sie Ihren Atem gleichmäßig fließen

Nun kommt es darauf an, jede Anstrengung der Muskeln zu vermeiden, so dass es nicht zu Unregelmäßigkeiten in der Atmung kommt. Greifen Sie also nicht in den natürlichen Atemrhythmus ein, sondern lassen Sie Ihren Atem möglichst von allein fließen. Vielleicht merken Sie jetzt, dass die Muskeln im oberen Lungen- und Schulterbereich ein wenig spannen. Das ist ganz natürlich, wenn sich Ihre Lungen in diesem Bereich lange nicht mehr ausgedehnt haben. Die Spannung verschwindet nach einiger Zeit der Übung von allein.

Es kann in einzelnen Fällen allerdings nötig sein, eine Zeit lang bewusst tief einzuatmen, um diese Muskelpartien bewusst wahrzunehmen und zu lockern. Sie sollten dabei jedoch ganz entspannt sein, denn Ihre Atembewegungen sollten angenehm und befreiend wirken und niemals anstrengend sein.

4. Über die Qualität Ihrer Atmung können Sie selbst bestimmen

Welche besondere Qualität Ihre Atmung haben soll, können Sie selbst, und zwar mithilfe Ihrer Vorstellungskraft, entscheiden. Stellen Sie sich zum Beispiel beim Einatmen vor, dass Sie Ruhe einatmen. Bei jedem Atemzug spüren Sie nun, wie zugleich mit der Luft Ruhe in Ihren Körper einströmt. Beim Ausatmen dagegen atmen Sie alle Unruhe aus. Sie können sich Ruhe und Unruhe zum Beispiel auch als zwei verschiedenfarbige Ströme vorstellen. Diese Übung ist einfach und außerordentlich wirkungsvoll.

Sie können mit dem Einatmen jedoch nicht nur die Vorstellung der Ruhe verbinden, sondern auch jeden anderen Zustand beziehungsweise jede andere Qualität, denn Sie können die Schwingungen der von Ihnen eingeatmeten Lebenskraft willentlich verändern. Zugleich mit dem Atem können Sie sich Gelassenheit, Wohlbefinden, Vitalität, Heilungsenergie, Zuversicht,

Mut, Kraft und jede andere Qualität, die Sie Ihrem Atem verleihen wollen, zuführen.

Eine solche Atemsitzung sollte etwas fünfzehn bis zwanzig Minuten dauern, damit Sie den vollen Nutzen aus Ihren Übungen ziehen können. Je länger Sie üben und je intensiver Sie sich dabei konzentrieren, umso nachhaltiger wird auch die Wirkung sein. Sofern Sie richtig atmen, können Sie diese Übung beliebig lang ausdehnen; es wird Ihnen nur von Nutzen sein.

Laden Sie sich mit Vitalkraft auf

Den Lehren fernöstlicher Philosophie und Religion zufolge nehmen wir mit dem Atem nicht nur Sauerstoff auf, sondern zugleich auch kosmische Vitalkraft, das so genannte Prana. Dieses Prana wird als die lebendige Urkraft angesehen, die alles Lebendige durchströmt und am Leben erhält. Wie der Sauerstoff unseren physischen Leib am Leben erhält, nährt Prana unseren feinstofflichen Leib.

Die Aufladung mit Prana lässt sich durch geeignete Atemtechniken bewusst verstärken. Machen Sie dazu die folgende Übung: Nehmen Sie eine aufrechte Sitzhaltung ein und lassen Sie Ihre Atmung immer tiefer werden. Dabei stellen Sie sich bildhaft vor, wie sich Prana in Ihrem Körper ansammelt. Ich spüre dies, wenn ich diese Übung mache, so, als ob eine kühle Flüssigkeit, bei den Füßen beginnend, immer höher in mir aufstiege; nach zwei bis drei Minuten füllt sie meinen ganzen Körper aus und tritt am Scheitel aus meinem Kopf aus.

Wichtig ist dabei, eine positive Erwartungshaltung einzunehmen. Wiederholen Sie daher, am besten laut, immer wieder: »Die Vitalkraft Prana fließt jetzt in mich hinein. Ich spüre, wie die Lebenskraft jetzt in mich einströmt.« Diese Formel wiederholen Sie so lange, bis Sie ein »Kribbeln« im Nacken oder in den Handflächen, ein kühles »Fließen« in der Wirbelsäule oder ein anderes Zeichen der Kraft verspüren.

Sie können den Fluss der Energie wie folgt beschleunigen: Sie atmen zunächst aus. Beim Einatmen heben Sie dann beide Arme senkrecht über den Kopf, und beim Ausatmen ziehen Sie die Arme mit geballten Fäusten kraftvoll, aber langsam herunter vor die Brust. Beim neuerlichen Einatmen strecken Sie die Arme dann wieder nach oben und ziehen sie beim nächsten Ausatmen mit geballten Fäusten vor die Brust zurück.

Manche Menschen ziehen eine Variante dieser Übung vor: Sie halten die Arme angewinkelt mit lockeren Fäusten vor der Brust, so dass die Unterarme einander berühren, und atmen ein. Wenn Sie das tun, weitet sich Ihr Brustkorb, Ihre Fäuste und Ellbogen gehen leicht auseinander. Beim Ausatmen führen Sie

Ihre Ellbogen dann wieder kraftvoll und mit angespannten Muskeln vor der Brust zusammen, wobei auch die Fäuste wieder fest geballt werden. Auf diese Weise mobilisieren Sie ein Optimum an Vitalenergie, die sich auf Ihren ganzen Organismus überträgt.

Nach welcher Methode Sie auch immer arbeiten, klar sollte sein: Die Prana-Aufladung muss sich immer in zwei Schritten vollziehen. Zunächst übernimmt Ihr Wachbewusstsein die Kontrolle über die Atmung, deren Steuerung normalerweise dem Unterbewusstsein obliegt. Sie beginnen also, bewusst kräftiger und tiefer zu atmen. Dabei erwarten Sie unbeirrbar, dass dadurch Ihre Vitalkraft zunimmt und sich auf Ihren Organismus günstig auswirkt. Diese Erwartungshaltung veranlasst wiederum Ihr Unterbewusstsein, das ja alle unwillkürlichen Lebensfunktionen steuert, den Stoffwechsel in Ihrem Körper zu beschleunigen und nicht nur die Atmung, sondern auch Herztätigkeit, Verdauung, kurz: alle lebenswichtigen Vorgänge anzuregen und zu fördern.

Die Aufladung nun auch der von Ihnen vorbereiteten Wunschvorstellung mit Prana ist ein wichtiger Aspekt des Mental-Trainings. Wie Sie dabei vorgehen sollen, erläutere ich in der nachfolgenden Übung.

ÜBUNG 2: Die Aufladung des Wunschbildes mit Vitalkraft

Laden Sie sich nun mithilfe der im vorstehenden Abschnitt aufgezeigten Techniken mit der Vitalkraft Prana auf, bis Sie diese Aufladung körperlich als Kühle, Wärme oder Kribbeln verspüren.

Nehmen Sie dann den Pharaonensitz ein. Schalten Sie zur Erhöhung Ihrer Konzentration Ihre Gedanken und Gefühle ab, lassen Sie für etwa dreißig Sekunden völlige innere Stille eintreten. Danach rufen Sie sich das von Ihnen geschaffene Wunschbild vor Ihr geistiges Auge. Dann lenken Sie die angesammelte Energie auf den erwünschten Endzustand und konzentrieren diese auf die Vorstellung, in der Sie Ihren Wunsch in Wort und Bild fixiert haben. Während Sie ruhig weiteratmen, denken Sie einige Sekunden lang an den erwünschten Endzustand und sehen dabei diesen Zustand möglichst bildhaft und plastisch vor sich. Dann lassen Sie das Vorstellungsbild los, bevor es Ihnen von selbst entschlüpfen kann, um es dann jedoch sofort wieder für einige Sekunden aufzugreifen und festzuhalten. Dieses gleichsam pulsierende Denken wiederholen Sie einige Minuten lang, bis eine innere Gewissheit Ihnen sagt, dass die Arbeit getan ist. Der Schöpfungsakt ist beendet.

Sind Sie nun ganz sicher, dass Sie die Erfüllung Ihres Wunsches verdient haben, und sehen und erleben sich bereits voll Freude und dankbar in dem erwünschten Endzustand.

Wenn Sie all Ihre Energie in Ihr Vorstellungsbild hineingeleitet haben, kann es passieren, dass Sie sich anschließend

»leer« fühlen. Diesen Zustand können Sie beenden, indem Sie sich von neuem mit der Vitalkraft Prana aufladen, diese dann jedoch nicht an Ihr Wunschbild »weiterleiten«.

Eine andere Soforthilfe zur Wiederaufladung ist die so genannte Laotse-Atmung: Sie atmen zunächst ganz aus, atmen dann ganz ruhig und tief ein und geben den Atem beim neuerlichen Ausatmen in kleinen Schüben ab – wie ein Kind, das Lokomotive spielt. Mit ein wenig Übung werden Sie imstande sein, bei einmaligem Ausatmen etwa dreißig »Schübe« zu produzieren; denn die Übung umfasst nur einen einzigen Atemzyklus.

Wenn Sie die Übung mehrfach hintereinander machen, erreichen Sie genau das Gegenteil der erwünschten Wirkung; Sie sollten sie daher nicht vor Ablauf von ein bis zwei Stunden wiederholen. Wenn Sie sich jedoch an die von mir vorstehend beschriebene Regel halten, so werden Sie sich nach Anwendung der Laotse-Atmung stets frisch und klar fühlen.

Die Aktivierung des schöpferischen Bewusstseins

Das Ziel des Mental-Trainings ist in erster Linie die Verwirklichung einer von Ihnen selbst in Wort und Bild fixierten und mit Energie und Gefühl aufgeladenen Wunschvorstellung. Diese stellt die geistige Vorwegnahme des von Ihnen erstrebten Endzustands dar.

Was der Zustand schöpferischen Bewusstseins Ihnen bietet

Unser Intellekt ist nicht selten ein Störfaktor, der uns an der Verwirklichung innerer Wunschbilder hindert; denn unsere Vernunft zweifelt an vielem und blockiert auf diese Weise den Erfolg. Wir können unseren Intellekt jedoch »überlisten«, indem wir alle Maßnahmen, die der Wunscherfüllung dienen, in einem besonderen Zustand herabgesetzten Bewusstseins vornehmen, den ich als »schöpferischen Bewusstseinszustand« bezeichnen möchte.

Der schöpferische Bewusstseinszustand entspricht dem so genannten Alpha- beziehungsweise Thetazustand, also einer Hirnstromfrequenz zwischen sieben und vierzehn Hertz (Alphazustand) oder noch tiefer, zwischen dreieinhalb und sieben Hertz (Thetazustand).

Bevor Sie sich jedoch in diesen Zustand versetzen, sollten Sie sich ganz bewusst an eine angenehme Situation erinnern, die Sie in letzter Zeit erlebt haben, und diese geistig noch einmal durchleben. Auf diese Weise bereiten Sie sich geistig auf den angestrebten veränderten Bewusstseinszustand vor, denn wenn wir an etwas Angenehmes denken, fällt es uns leichter, den Stress und die Sorgen des Alltags für eine Weile zu vergessen und uns vollständig auf unser Ziel zu konzentrieren.

Wenn Sie entspannt sind, gelangen Sie ganz von selbst in den schöpferischen Bewusstseinszustand, wobei es hilfreich ist, mit geschlossenen Augen in einem Winkel von etwa zwanzig Grad nach oben zu schauen. Diese Augenhaltung allein veranlasst schon Ihr Gehirn, Alphawellen zu produzieren. Das Nach-oben-Schauen wird Ihnen leichter fallen, wenn Sie mit Ihrem Zeigefinger die Nasenwurzel, also die Stelle zwischen den Augen, berühren.

Sollten Sie sich bereits entspannt und dennoch das Gefühl haben, dass nichts Besonderes passiert sei, so liegt das vermutlich daran, dass Sie schon zuvor im Zustand des schöpferischen Bewusstseins gewesen sind. Üben Sie dennoch beharrlich weiter, denn durch Übung erreichen Sie im Laufe der Zeit immer tiefere Entspannungszustände.

Leiten Sie den Zustand herabgesetzten Bewusstseins jedes Mal mithilfe der gleichen Methode ein und beenden Sie ihn auch immer auf die gleiche Weise; dann wird Ihr Unterbewusstsein Sie nach einiger Zeit ganz automatisch unterstützen und den zur Entspannung notwendigen Zustand von allein einleiten.

Im schöpferischen Bewusstseinszustand werden Ihnen innere Bilder, zum Beispiel Erinnerungen, wesentlich plastischer und realistischer erscheinen als im Wach- oder Tagesbewusstsein. Dies ist auch einer der wesentlichen Gründe dafür, warum Sie »geistige Schöpfungen« – jeder intensive Wunsch ist eine geistige Schöpfung – nur in diesem Entspannungszustand vornehmen sollten. Nur so ist gewährleistet, dass Ihnen Ihr Wunschbild so realistisch erscheint, dass Sie sich mit diesem identifizieren und Ihren Wunsch als verwirklicht vorwegnehmen können.

Es gibt jedoch noch einige andere Gründe dafür, warum der schöpferische Bewusstseinszustand der Wunscherfüllung sehr zuträglich ist.

Nur im Zustand schöpferischen Bewusstseins kommt auch der Kontakt zum Unterbewusstsein mit seinen fast unbegrenzten Möglichkeiten zustande. In diesem Zustand nimmt unser Unterbewusstsein auf, was wir ihm bewusst einprägen, und es geht für den Einzelnen nicht mehr nur um ein »Bedenken« des erwünschten Endzustands oder um die bloße Konzentration auf diesen. Schöpferisch richtet der Mensch nun seine inneren Sinne auf seinen tiefsten Wunsch und »bewegt ihn in seinem Herzen«. Wie das Unterbewusstsein arbeitet und was es bewirkt, wird im folgenden Abschnitt zur Sprache kommen.

Machen Sie sich Ihr Unterbewusstsein zum Freund

Das Unterbewusstsein ist die Schaltzentrale unserer unbewussten Körperfunktionen und Sitz unserer Emotionen und Erinnerungen. Wenn Sie die Fähigkeiten dieses »inneren Helfers« zu nutzen wissen, haben Sie sich ein ungeheures Potenzial erschlossen. Das menschliche Bewusstsein ist mit einem Eisberg vergleichbar, wobei das Wach- oder Tagesbewusstsein nur der sichtbaren Spitze des Eisbergs entspricht. Unsere elementarsten Geistes- und Seelenfunktionen spielen sich jedoch unterhalb der Bewusstseinsschwelle sozusagen im Dunkeln ab.

Durchschnittlich nutzen wir nicht mehr als etwa zwanzig Prozent unseres gesamten geistig-seelischen Potenzials und verzichten somit auf die Entwicklung zahlreicher, für unser Lebensglück entscheidenden Fähigkeiten und Kräfte.

Wenn Sie die Fähigkeiten Ihres Unterbewusstseins zu nutzen wissen, können Sie beispielsweise einen Schmerz so lange abstellen, bis Sie die Gelegenheit finden, einen Arzt aufzusuchen. Sie können Ihr Unterbewusstsein wie einen »inneren Wecker« benutzen, so dass Sie jeden Morgen pünktlich aufwachen oder sich tagsüber an einen wichtigen Termin erinnern. Und Sie können sich auf körperliche und geistige Hochform »programmieren«, indem Sie Ihrem Unterbewusstsein aufbauende Suggestionen eingeben.

Die Möglichkeiten der Nutzung Ihres Unterbewusstseins sind nahezu unbegrenzt. Wie aber können Sie den Kontakt zu Ihrem Unterbewusstsein herstellen? Die Lösung ist ganz einfach:

Begeben Sie sich mithilfe der Ihnen am meisten zusagenden Entspannungsmethode in den schöpferischen Bewusstseinszustand und beginnen Sie mit Ihrem Unterbewusstsein in der gleichen Weise zu sprechen, wie Sie es mit einem alten Freund tun würden.

Das Unterbewusstsein ist zwar keine Persönlichkeit im eigentlichen Sinn, und doch hat sich gezeigt, dass man mit dem eigenen Unterbewusstsein in eine gleichsam personale Beziehung eintreten kann.

Fragen Sie deshalb Ihr Unterbewusstsein zunächst nach seinem Namen. Fragen Sie jedoch nicht: Wie ist dein Name? Ihr Unterbewusstsein hat ja keinen Eigennamen. Fragen Sie stattdessen lieber: Wie soll ich dich nennen, bei welchem Namen soll ich dich nennen, mit welcher Bezeichnung soll ich dich ansprechen? Lass diesen Namen jetzt bitte in mein Bewusstsein aufsteigen.

Wenn Sie den gewünschten Namen empfangen haben, sollten Sie Ihrem Unterbewusstsein mitteilen, dass Sie sich über seine Kooperation freuen und diese Zusammenarbeit künftig beibehalten möchten.

Es ist jedoch durchaus möglich, dass es eine Zeit lang dauert, bis sich Ihr Unterbewusstsein »zu Wort« meldet. Vermutlich haben Sie sich bisher nur sehr wenig um Ihr Unterbewusstsein gekümmert. Wenn Sie sich jedoch jahrelang oder ein Leben lang nicht um die Kooperation Ihres stillen Helfers bemüht haben, so ist es ganz natürlich, dass es eine Weile dauert, bis die Zusammenarbeit eingespielt ist.

Wenn jedoch der Kontakt zu Ihrem Unterbewusstsein erst einmal hergestellt ist, so können Sie sich von diesem auch seine »Gestalt« zeigen lassen. Seine Erscheinungsweise lässt dann natürlich auch Rückschlüsse darüber zu, wie es behandelt werden möchte. Offenbart es sich als Weise, so sollten Sie ihm auch den nötigen Respekt bezeigen. Erscheint es hingegen als verspieltes Kind, so müssen Sie es auch dementsprechend behandeln. Je besser die Zusammenarbeit und je tiefer das

»gegenseitige« Verständnis, umso erfreulicher werden auch die Ergebnisse der Zusammenarbeit ausfallen.

Bedenken Sie jedoch bei allem, was Sie tun: Ihr Unterbewusstsein ist nicht Ihr Sklave, sondern Ihr Freund!

Unser Unterbewusstsein »denkt« zwar nicht logisch im Sinne unseres analytischen Verstandes, es hat jedoch aufgrund aller je empfangenen und in ihm gespeicherten Eindrücke seine eigene Logik, die auf die ihr eigentümliche Weise absolut richtig ist. Im Übrigen nimmt unser Unterbewusstsein alle »Botschaften« wörtlich. Daher hat es auch eine sehr eigene Meinung von dem, was ist oder zu geschehen hat. Grundsätzlich gilt für das Unterbewusstsein das Prinzip: Sein Eindruck entscheidet. Es geht von gespeicherten Erfahrungen aus und widersetzt sich oft den Argumenten unserer Logik.

Aus diesem Grund kann es passieren, dass Ihr Unterbewusstsein, wenn Sie es mit rationalen Argumenten umstimmen möchten, auf seinem Standpunkt beharrt und sich einer Zusammenarbeit zunächst verweigert. Deshalb ist es so wichtig, dass Sie Ihren neuen Freund nicht wie einen Sklaven behandeln und nicht ständig versuchen, diesen Freund mittels immer neuer Suggestionen zur Mitarbeit zu zwingen, sondern sich bemühen, ihn von dem Sinn und Nutzen Ihres jeweiligen Vorhabens zu überzeugen.

Schildern Sie ihm deshalb Ihre Wünsche in den leuchtendsten Farben und erklären Sie ihm, welche Vorteile Ihnen »beiden« aus einem Erfolg erwachsen würden. Besonders leicht beeindrucken lässt sich das Unterbewusstsein vom gesprochenen, geschriebenen oder gedruckten Wort. Wenn Sie ihm Ihre Wünsche also besonders eindringlich vermitteln wollen, so schreiben Sie auf, wie der gewünschte Endzustand aussehen soll; überarbeiten Sie dann das Geschriebene gründlich und lesen Sie sich den entsprechenden Text laut und deutlich vor. Nur wenn Ihr Unterbewusstsein Ihren Wunsch voll und ganz mitträgt, können Sie auch Erfolg haben. Darum müssen Sie Ihren »besten Freund« auf Ihre Seite bringen.

Bedienen Sie sich eines »Auslösers«

Sicherlich wissen Sie aus eigener Erfahrung, dass eine Bewegung, die Sie des Öfteren ausführen, nach einer gewissen Zeit ganz automatisch abläuft. Der gleiche »Mechanismus« gilt auch für Ihre Arbeit mit dem Unterbewusstsein.

Wenn Sie Ihren Entspannungszustand und die Kontaktaufnahme mit Ihrem inneren Helfer immer mit dem gleichen Ritual, also immer auf die gleiche Weise einleiten, so wird sich im Laufe der Zeit ein bedingter Reflex entwickeln, der die Kontaktaufnahme mit

Ihrem Unterbewusstsein erheblich beschleunigt. Denn Ihr Unterbewusstsein gewöhnt sich an bestimmte Rituale.

Benutzen Sie daher möglichst immer die gleiche Methode der Einleitung Ihrer Entspannung, so dass es schließlich nur noch einer unmerklichen Geste bedarf, um Sie in den Zustand der Entspannung zu versetzen. Diese Geste, der »Auslöser«, sollte natürlich in den üblichen Bewegungsabläufen Ihres Alltags nicht vorkommen, damit Sie nicht während Ihrer täglichen Routine plötzlich müde und entspannt werden, weil Sie sich aus Versehen Ihren Auslöser »geleistet« haben.

Der Anschaulichkeit halber möchte ich Ihnen nun einmal drei derartige Auslösemechanismen vorstellen. Sie können sich natürlich nach Belieben auch andere Auslöser ausdenken.

1. Sie sprechen drei Mal laut die zwei Silben Ki-Ai vor sich hin.
2. Sie legen die Spitzen von Daumen, Zeige- und Mittelfinger zusammen.
3. Sie pressen einen Finger auf den Punkt zwischen Ihren Augen und zählen bei voller Konzentration rückwärts von drei bis eins.

Je öfter Sie Ihr Unterbewusstsein mit dem von Ihnen gewählten Auslöser bekannt machen, umso besser werden natürlich die Ergebnisse ausfallen. Ändern Sie darum, wenn Sie sich einmal für einen bestimmten Mechanismus entschieden haben, an dem entsprechenden Ablauf nichts mehr, da Sie andernfalls die Wirkung Ihres Auslösers beeinträchtigen.

ÜBUNG 3: Die Kontaktaufnahme mit dem Unterbewusstsein

- Begeben Sie sich mithilfe Ihrer bevorzugten Entspannungsmethode in den schöpferischen Bewusstseinszustand.

- Wenden Sie sich dann mit einigen freundlichen Worten an Ihr Unterbewusstsein und behandeln Sie es wie einen guten Freund.

- Bitten Sie es um Auskunft darüber, mit welchem Namen es von Ihnen angesprochen werden möchte.

- Bedanken Sie sich anschließend bei Ihrem Unterbewusstsein für seine Kooperationsbereitschaft und bereiten Sie es zugleich darauf vor, dass Sie mit ihm in ständigem Kontakt bleiben wollen.

- Verabschieden Sie sich dann von Ihrem stillen Helfer. Zählen Sie langsam von eins bis zehn und beenden Sie die Sitzung.

Die Kraft des Wünschens

Bevor einer Ihrer Wünsche in Erfüllung gehen kann, müssen Sie eine klare Vorstellung des erwünschten Endzustands vor Augen haben.

Der erste Schritt auf dem Weg zur Verwirklichung Ihres Wunsches besteht darin, ihn in klare Worte zu fassen. Diese Wunschformulierung muss jedoch verschiedene Voraussetzungen erfüllen:

- *Sie muss präzise, vollständig und unmissverständlich sein.* Unser Unterbewusstsein arbeitet absolut exakt und richtet sich in allen Einzelheiten nach den Angaben und Anweisungen, die wir ihm einprägen. Wenn daher Ihre Wunschformulierung fehler- oder lückenhaft ist, wird auch die Erfüllung Ihres Wunsches nur unvollkommen sein. Definieren Sie Ihr Ziel also richtig!
- *Sie muss sich der Gegenwartsform bedienen.* Prägen Sie also Ihrem Unterbewusstsein nicht etwa ein: »Ich werde bald geheilt sein!« Sie sollten sich nicht an die Zukunft halten, sondern von dem Zustand des bereits

verwirklichten Wunsches ausgehen, die Zukunft also vorwegnehmen. Etwa so: »Ich bin gesund, locker und frei!«

- *Sie muss positiv sein.* Ihr Unterbewusstsein nimmt jede Nuance Ihrer Formulierung auf und wird versuchen, Ihre Vorstellung so »wörtlich« wie möglich in die Wirklichkeit zu übertragen. Aber eine Verneinung in Ihrer Wunschformel »versteht« es nicht.

Neben diesen Voraussetzungen für die richtige Wunschformulierung sollten Sie noch folgende Regeln beachten:

- *Fassen Sie die Formel möglichst kurz.* Auch Ihrem Unterbewusstsein sind kurze, prägnante Formeln leichter einzuprägen. Je öfter Sie sich während des normalen Tagesablaufs Ihren Wunsch ins Bewusstsein rufen, umso stärker wird Ihr Unterbewusstsein geprägt.
- *Die Formel muss einfach, aber bestimmt sein.* Die Formulierung Ihres Wunsches muss so einfach sein, dass jedes Kind sie verstehen könnte. In gewisser Weise kann man das Unterbewusstsein mit einem Kind vergleichen, denn es nimmt alles wörtlich. Deshalb muss man es unbedingt bestimmt ansprechen.
- *Die Formel soll sich auf Sie selbst oder Ihr Leben beziehen.* Wenn Sie zum Beispiel in Ihrer Formel

den Idealzustand einer partnerschaftlichen Beziehung ausdrücken wollen, sollten Sie auf Ihr eigenes Verhalten Bezug nehmen, nicht auf das Ihres Partners. Statt der Formel »Sie (oder er) wird immer lieber und freundlicher!« oder » Wir verstehen uns immer besser!« richten Sie Ihre Aufmerksamkeit auf Ihr eigenes Verhalten mit Formeln wie: »Ich akzeptiere meinen Partner, so, wie er ist!« oder »Ich bin ihm ein verständnisvoller Partner!« Bedenken Sie: Jeder Mensch ist nur für sein eigenes Verhalten zuständig und verantwortlich. Wir können und dürfen niemanden zwingen, sich zu ändern, denn jeder von uns hat das Recht auf seine eigene Persönlichkeit!

Sie sehen, dass einige Regeln beachtet werden müssen, damit Sie mithilfe des Mental-Trainings tatsächlich das erhalten, was Sie verwirklichen möchten. Legen Sie Ihre Wunschformulierung am besten schriftlich fest.

Trainieren Sie Ihre Fähigkeit zur Wunschsuggestion

Nachstehend möchte ich Ihnen nun eine Methode vorstellen, die ich aus Elementen der von dem französischen Apotheker ÉMILE COUÉ begründeten Technik der Autosuggestion und der traditionellen indischen Mantrameditation entwickelt habe. É. COUÉ gelangte bei seiner psychotherapeutischen Arbeit zu der Erkenntnis, dass die Formel »Es geht mir von Tag zu Tag in jeder Hinsicht immer besser und besser!« einen äußerst positiven Einfluss auf die Gesundheit und die geistig-seelische Verfassung der Patienten hatte. Er empfahl daher seinen Patienten, diese Formel täglich zwanzig bis dreißig Mal zu wiederholen. Aus COUÉS Methode entwickelten sich später das autogene Training und die Techniken des positiven Denkens.

In der indischen Yogatradition gibt es die so genannte Mantrameditation. In der Praxis ist die Mantrameditation dadurch charakterisiert, dass der Yogaschüler – oft stundenlang – über eine kurze, aussagekräftige Formel meditiert, deren Sinn sich ihm mehr und mehr erschließt und deren Aussage immer mehr zu seinem geistigen Eigentum wird.

Die von mir entwickelte Methode ist nun eine Kombination aus beiden Techniken und vereint daher die Vorteile beider in sich. Und so gehen Sie vor:

Entscheiden Sie sich zunächst für eine kurze, rhythmische und einprägsame Formel, die Ihnen leicht von den Lippen geht und einen von Ihnen gewünschten Endzustand beschreibt. Diese Formel könnte beispielsweise lauten:

- Positives Leben durch positives Denken!
- Die innere Heilkraft macht mich gesund!
- Das Glück kommt mit auf Schritt und Tritt!
- Ich bin eins mit dem Leben und völlig gesund!
- Lernen macht Freude und führt zum Erfolg!

Wenn sich für Ihren größten Wunsch eine vergleichbar knappe Formulierung finden lässt, so sollten Sie natürlich diese Formel benutzen.

Nehmen Sie sich etwa zwanzig Minuten Zeit und suchen Sie einen Ort auf, an dem Sie nicht gestört werden. Wiederholen Sie dann die von Ihnen gewählte Wortfolge ununterbrochen zwanzig Minuten lang, schnell, und zwar so, dass Ihnen zwischen den einzelnen Wiederholungen keine Zeit bleibt, an etwas anderes als Ihr Wunschziel zu denken. Lassen Sie während dieser Zeit keinen anderen Gedanken in Ihr Bewusstsein dringen. Für etwa zwanzig Minuten sollten Sie Ihre volle Aufmerksamkeit auf diese Wortfolge konzentrieren. Die Wirkung dieser Methode ist verblüffend.

Sie werden feststellen, dass nach zwanzig Minuten der Wiederholung die Formel Ihr gesamtes Bewusstsein ausfüllt. Sie haben in diesen zwanzig Minuten keine andere als die Ihr Ziel betreffende geistige Ursache gesetzt. Doch auch nach dem Ende der Rezitation werden Sie feststellen, dass die Formel in Ihnen weiterklingt wie ein Lied oder eine Melodie, die Sie ständig begleitet. Dieser Effekt ist beabsichtigt, denn auf diese Weise füllt der Inhalt Ihrer Formel Ihr Bewusstsein ganz aus und prägt nachhaltig auch Ihr Unterbewusstsein.

Erlernen Sie die Technik der Imagination

»Ein Bild sagt mehr als tausend Worte« heißt es im Volksmund, und dieses Sprichwort macht deutlich, welch großen Eindruck Bilder von jeher auf den Menschen gemacht haben, im Besondern auf sein Unterbewusstsein. Doch das Unterbewusstsein wird auch nachhaltig von unseren Emotionen geprägt. Da aufbauende Vorstellungsbilder auch positive, lebensbejahende Gefühle auslösen, wird so unser Unterbewusstsein, das unser Verhalten steuert, optimal geprägt. Dies ist eine Voraussetzung für ein erfolgreiches Leben.

Wenn Sie sich nun durch geeignete Imaginationstechniken gezielt lebensbejahende Vorstellungsbilder einpflanzen wollen, müssen Sie Gesetzmäßigkeiten berücksichtigen, die Sie sich immer wieder vergegenwärtigen sollten:

- Jede bildhafte Vorstellung, von der Sie erfüllt sind, hat das Bestreben, sich zu verwirklichen.
- Wenn Glaube und Wille gegeneinander stehen, siegt

immer der Glaube. Wenn eine innere Überzeugung Ihrem rationalen Wollen entgegensteht, muss dieses scheitern.

- Jede Anstrengung bewirkt das Gegenteil dessen, was sie bewirken soll.

Ein sehr wichtiger Teil des Mental-Trainings ist daher die gezielte Imagination. Im Übrigen haben Imaginationstechniken den Vorteil, dass sie Ihnen den Erfolg Ihrer Bemühungen von Anfang an immer wieder vor Augen führen. Auf diese Weise haben Sie, wann immer Sie sich auf Ihr Ziel konzentrieren, ein inneres Erfolgserlebnis.

Je plastischer Sie übrigens Ihr inneres Bild von dem erwünschten Endzustand gestalten, umso stärker kann sich Ihre Vorstellung mit Energie aufladen, und je öfter Sie dieses Bild vor Ihrem inneren Auge sehen, umso wahrscheinlicher wird seine Verwirklichung.

Trainieren Sie Ihre Imaginationsfähigkeit

Die folgenden Übungen sollen Ihnen helfen, Ihre Imaginationsfähigkeit Schritt für Schritt zu entwickeln und zu Ihrem Besten einzusetzen.

1. Die Farbimagination

Wenn Sie sich jede Farbe mühelos vor Ihr geistiges Auge rufen können, gehen Sie bitte gleich zum nächsten Schritt über. Wenn Ihnen dies jedoch noch nicht gelingen sollte, verfahren Sie bitte wie folgt:

Einen Einstieg in die Farbimagination finden Sie, wenn Sie sich nicht gleich eine Farbe vorzustellen versuchen, sondern einen Gegenstand in Ihre Vorstellung rufen, für den eine bestimmte Farbe typisch ist.

In diesem Stadium ist es noch nicht so wichtig, den Gegenstand, der die Farbe trägt, deutlich zu erkennen, entscheidend ist, dass Ihnen der betreffende Gegenstand zur Vorstellung der gewünschten Farbe verhilft. Um sich Blau vorzustellen, können Sie beispielsweise an einen blauen Himmel oder an das blaue Meer denken, bei Grün an einen Rasen, bei Weiß an eine Schneelandschaft.

Wenn Sie mittels der beschriebenen Methode nicht ans Ziel kommen, so kaufen Sie sich am besten einige Bogen Buntpapier in den entsprechenden Farben. Schauen Sie sich die Farben dann auf dem Papier eine Zeit lang an und versuchen Sie unmittelbar danach, sich die jeweilige Farbe bei geschlossenen Augen vorzustellen.

Öffnen Sie dann nach einer kurzen Weile wiederum die Augen und konzentrieren Sie sich nochmals auf die

Farbe des Papiers. Stellen Sie diese Übung so lange an, bis Sie jede gewünschte Farbe sofort auf Ihrer geistigen »Leinwand« erscheinen lassen können. Am besten ist es, wenn Sie bei dieser Gelegenheit bereits alle Farben in Ihr »Repertoire« aufnehmen, die bei der Farbentspannung Anwendung finden. Auf diese Weise schaffen Sie die besten Voraussetzungen für diese Form der Entspannung.

2. Die Imagination konkreter Gegenstände

Sobald Sie das Farbsehen beherrschen, können Sie zu der geistigen Vergegenwärtigung konkreter Gegenstände übergehen.

Wählen Sie zu diesem Zweck einen einfachen Gegenstand aus, vielleicht einen Kamm oder eine Schere, und studieren Sie dieses Objekt zunächst mit offenen Augen. Beschränken Sie sich vorerst jedoch auf seine Form. Schließen Sie dann die Augen und versuchen Sie, den von Ihnen gewählten Gegenstand naturgetreu auf Ihre geistige Leinwand zu projizieren. Wenn Sie dabei Schwierigkeiten haben, können Sie den Gegenstand ruhig noch einmal genau betrachten.

Wiederholen Sie diesen Wechsel zwischen Anschauen und Vorstellen, bis Sie bei geschlossenen Augen regelmäßig ein plastisches Abbild Ihres Gegenstandes vor sich »sehen«.

Dehnen Sie in der Folge Ihre Imaginationsfähigkeit auch auf andere Eigenschaften der Gegenstände aus; ihre Konsistenz, ihren Geruch oder ihr Gewicht. Wenn Sie sich beispielsweise einen Apfel vorstellen, sollten Sie nicht nur sein leuchtendes Grün oder Rot wahrnehmen, sondern auch seinen Geruch; empfinden Sie auch, wie schwer dieser Apfel in Ihrer Hand liegt. Vielleicht hat Ihr Apfel auch eine raue oder weiche Stelle? Versuchen Sie, Ihr Vorstellungsbild mit allen Sinnen wahrzunehmen.

Wenn Sie noch einen Schritt weitergehen wollen, können Sie auch beginnen, den besagten Apfel in Ihrer Vorstellung zu schälen. Stellen Sie sich dabei jede Ihrer Bewegungen und das jeweilige Aussehen des Apfels so plastisch vor, als würden Sie wirklich einen Apfel schälen. Spüren Sie, wie die Frucht nach dem Schälen fruchtiger und aromatischer riecht? Beißen Sie im Geiste doch ruhig in den Apfel hinein, wenn Sie das möchten.

3. Die Imagination erdachter Gegenstände

Auf dieser Stufe geht es nun darum, Gegenstände zu »sehen«, für die Sie keine äußere Vorlage besitzen. Wählen Sie einen Gegenstand aus, der sich nicht in Ihrer unmittelbaren Nähe oder in Sichtweite befindet, also einen erdachten Gegenstand, und bestimmen Sie zunächst, welche Eigenschaften dieser Gegenstand haben soll. Stellen Sie sich dann seine Eigenschaften Schritt für Schritt vor. Zunächst die Form, dann die Farbe, die Konsistenz und so fort.

Gehen Sie auch in diesem Fall von der Vergegenwärtigung einfacher, konkreter Objekte aus, dann aber zur Imagination unwirklicher Gegenstände oder auch Lebewesen über. Lassen Sie beispielsweise in Ihrer Fantasie Ihnen bisher völlig unbekannte Fabeltiere entstehen: Rüsseltiere mit acht Beinen oder andere seltsame Wesen. Entscheidend ist, dass Ihre Imaginationsfähigkeit Ihrem Willen vollständig und schnell gehorcht, was auch immer Sie sich vorstellen mögen.

Versuchen Sie auch, bestimmte Eigenschaften der vorgestellten Gegenstände spontan zu verändern: Aus einer grünen wird beispielsweise eine blaue Wiese, oder stellen Sie sich einen Pfirsich vor, der Erdbeerduft verströmt. Ihre Fähigkeiten sollen auf dieser Stufe so weit reifen, dass Sie sich jeden Gegenstand auch in jeder beliebigen Qualität vorstellen können.

Wenn Sie sich die äußere Beschaffenheit eines Gegenstandes beliebig vergegenwärtigen können, sollten Sie lernen, sich in die verschiedenen Gegenstände hineinzuversetzen. Spüren Sie doch einmal von innen heraus die Form und die Selbstempfindung eines Baums, und erfühlen Sie seine Existenz bis in jedes einzelne Blatt. Fühlen Sie auch, wie Ihnen Kraft aus der Erde zufließt und bis in die Krone aufsteigt. Versetzen Sie sich vollständig in das Sein eines Baums.

Auf die gleiche Weise können Sie sich in jedes andere belebte Wesen oder unbelebte Ding hineinversetzen.

4. Die Imagination realer Handlungsläufe

Wie bereits erwähnt, müssen Sie auch in der Lage sein, sich bewegte Bilder vorzustellen; sie beeindrucken das Unterbewusstsein wesentlich stärker als ein unbewegtes Bild.

Die Tagesrückschau ist besonders geeignet, um diese Fähigkeit zu entwickeln. Jeden Abend sollten wir ja ohnehin eine Tagesrückschau halten, um unser Verhalten zu prüfen und eventuelle Verfehlungen des vergangenen Tages zu erkennen und notfalls in unserer Vorstellung nachträglich zu korrigieren. Diese Rückschau ist gleichzeitig ein gutes Mittel, Ihre Imaginationsfähigkeit zu trainieren, weil Sie ja alles, was Sie in Ihrer Fantasie durchleben, bereits real erlebt haben.

Versetzen Sie sich beispielsweise in die Zeit des heutigen Morgens zurück. Erleben Sie den heutigen Tagesbeginn noch einmal mit allen Ihren Sinnen! Erleben Sie noch einmal ganz genau, wie Sie aufstehen. Spüren Sie den Teppich unter den nackten Füßen oder die Fütterung Ihrer Hausschuhe? Riechen Sie Ihr Rasierwasser und schmecken Sie das Frühstück?

5. Die Imagination erdachter Handlungsabläufe

Auf der nächsten Stufe dieser Übungsreihe müssen Sie nun die Imagination erdachter Handlungsabläufe erlernen.

Stellen Sie sich beispielsweise vor, wie Sie einen Fremden begrüßen. Sehen Sie innerlich, wie Ihnen dieser die Hand entgegenstreckt, wie Sie diese Hand ergreifen und Ihr Gegenüber mit ein paar freundlichen Worten begrüßen. Wie sieht dieser Fremde aus? Trägt er einen Anzug oder ist er leger gekleidet? Hat er einen freundlichen Gesichtsausdruck, oder schaut er Sie eher verschlossen an? Riecht er eher angenehm oder unangenehm? Jede Einzelheit dieses »Zusammentreffens« sollte klar vor Ihrem geistigen Auge stehen.

Die Imagination erdachter Handlungsabläufe sollte so lebendig und überzeugend wie ein Film sein, den Sie sich anschauen beziehungsweise in dem Sie mitspielen. Sehen Sie diesen Film klar und deutlich? Oder gibt es noch verschwommene Einzelheiten?

Bedenken Sie, dass alle diese Übungen Ihre Fähigkeit trainieren sollen, Ihrem Unterbewusstsein absolut klare Bilder Ihrer Wünsche zu übermitteln. Wenn Sie nicht imstande sind, klare Vorstellungsbilder von Ihren Wünschen zu »kreieren«, wird auch die Wunscherfüllung unbefriedigend sein.

6. Die Imagination abstrakter Werte

Wenn Sie große Ziele anstreben, werden Sie nicht daran vorbeikommen, sich abstrakte Begriffe vorstellen zu müssen. Wie Sie derartige Begriffe in Ihrer Vorstellung bildlich umsetzen müssen, unterliegt keiner bestimmten Regel oder Vorschrift. Wichtig ist, dass der jeweilige Begriff durch das von Ihnen gewählte Vorstellungsbild für Sie optimal und klar dargestellt wird und dass für Ihr Unterbewusstsein Missverständnisse nicht möglich sind.

Wenn Sie Ihrem Unterbewusstsein beispielsweise den Begriff »Liebe« bildlich veranschaulicht einprägen wollen, sollten Sie nicht nur dem Bild als solchem Wichtigkeit beimessen, sondern möglichst intensiv auch das Gefühl der Liebe für etwas oder jemanden empfinden. Auf diese Weise vermitteln Sie Ihrem Unterbewusstsein den Inhalt des gewünschten Endzustands besonders deutlich. Auch Metaphern, also der Wirklichkeit entlehnte Bilder, die bestimmten Gefühlszuständen zugeordnet werden, eignen sich zur Darstellung abstrakter Begriffe.

Imaginieren Sie Ihr Wunscherlebnis mit allen Sinnen

Sobald Sie gelernt haben, jedes von Ihnen gewünschte Vorstellungsbild in vollkommener Klarheit zu produzieren, das heißt innerlich zu *sehen*, sollten Sie auch Ihre übrigen Sinne innerlich aktivieren und im Zuge der Imaginationsübung alles, was Sie sehen, auch fühlen, riechen, schmecken und hören. Mit einem Wort: Versuchen Sie, die von Ihnen vorgestellten Situationen zu einem imaginierten *Erlebnis* zu verdichten.

Spüren Sie, wie Sie sich in dem erträumten Auto oder Haus fühlen! Erleben Sie sich in Ihrer zukünftigen Stellung! Erleben Sie auch die Begeisterung und Erfülltheit, die Sie bei der Ausübung der neuen Tätigkeit empfinden. Vermitteln Sie sich einen überwältigend starken Eindruck von der Wirklichkeit des erwünschten Endzustands.

Mitunter kann es vorkommen, dass sich das Unterbewusstsein »widerspenstig« verhält. Dies ist nur natürlich; denn wenn wir unser Unterbewusstsein jahrelang vernachlässigt, ihm also unkontrolliert überlassen haben, durch welche Eindrücke – Gedanken, Gefühle, Lebenserfahrungen – es geprägt wird, so wird es sich vermutlich zunächst weigern, unsere ihm nun plötzlich bewusst »aufgenötigten« Vorstellungen und gezielten Wünsche aufzunehmen. In solchen Fällen empfiehlt sich die Anwendung der »pulsierenden Imagination«.

Ihr Unterbewusstsein muss sich, einem widerspenstigen Kind vergleichbar, an die neue Herrschaft, die Sie bewusst etablieren, gewöhnen; andererseits lässt es sich nur beeindrucken, wenn es Ihren Suggestionen in Wort und Bild für längere Zeit ausgesetzt ist. Halten Sie daher am Anfang Ihr erwünschtes Vorstellungsbild immer nur für zwei bis drei Sekunden fest, lassen es dann los, und nehmen Sie es nach einigen Sekunden wieder auf.

Wenn Sie in diesem Rhythmus vorgehen, wird sich Ihr Unterbewusstsein viel leichter fesseln und somit nachhaltiger beeindrucken lassen.

Behandeln Sie Ihr Unterbewusstsein immer behutsam, denn Sie sind schließlich auf seine Mithilfe angewiesen. Auf diese Weise wird es Ihnen im Laufe der Zeit immer besser gelingen, Ihr Unterbewusstsein so zu prägen, dass es zu Ihrem Besten arbeitet.

ÜBUNG 4: Die Fixierung der Wunschvorstellung

Vielleicht gelingt es Ihnen nicht immer, bestimmte Vorstellungsbilder klar und deutlich zu sehen, weil Ihre Konzentrationsfähigkeit aus irgendwelchen Gründen gerade geschwächt ist. Für diesen Fall gibt es geistige Hilfen, die Sie sicher zum Ziel führen. Sie können nach Belieben die eine oder die andere Übung machen:

Eine bewährte Methode ist, das gewünschte Zielbild sozusagen im Geiste zu malen. Greifen Sie – wenn nötig – in Ihrer Vorstellung zu Pinsel und Farbe und malen Sie sich Strich für Strich das gewünschte Bild auf eine imaginäre Leinwand. Auf diese Weise können Sie sich Ihr Vorstellungsbild Schritt für Schritt erarbeiten. Sie können aber auch eine Bühne mit geschlossenem Vorhang imaginieren. Ziehen Sie nun diesen Vorhang im Geiste ganz langsam zur Seite und konzentrieren Sie sich immer nur auf den jeweils sichtbaren Bildausschnitt.

Oder sehen Sie im Geiste das gewünschte Zielbild am Ende eines langen Tunnels und gehen Sie dann langsam durch diesen Tunnel auf das Bild zu. Mit jedem Schritt können Sie mehr Einzelheiten erkennen, und wenn Sie den Tunnel durchschritten haben, stehen Sie vor dem vollständigen Bild und können es scharf und klar erkennen.

Schließlich können Sie sich auch vorstellen, wie Sie ein verschmutztes, staubiges Bild abputzen und reinigen, bis alle auf dem Bild dargestellten Einzelheiten wieder klar und deutlich zu erkennen sind.

Arbeiten Sie in Zukunft mit jener Methode, die Ihnen am meisten liegt, oder entwickeln Sie eine ganz neue Technik, ein Vorstellungsbild Schritt für Schritt immer klarer werden zu lassen.

Nachdem Sie gelernt haben, jedes erwünschte Vorstellungsbild auf Ihre »innere Leinwand« zu projizieren, sollten Sie nun dazu übergehen, ein genaues Bild des Zustands zu entwerfen, den Sie mit Ihrem größten Wunsch anstreben. Visualisieren Sie diesen Zustand oder dieses Erlebnis in möglichst lebendiger Form in allen Einzelheiten. Beziehen

Sie auch Geräusche, Gerüche, Geschmacksnuancen und Körperempfindungen mit ein. Sorgen Sie dafür, dass Ihnen in Ihrer Fantasie das Ziel so nahe wie möglich rückt.

Verleihen Sie Ihrem Wunsch Dynamik

Die sprachliche Formulierung und die bildhafte Ausgestaltung Ihres Wunscherlebnisses sind gleichsam die zwei Hälften der einen Zielsetzung, der Sie sich verschrieben haben. Sorgen Sie dafür, dass beide Hälften inhaltlich übereinstimmen; andernfalls blockieren sich zwei verschiedene Zielvorstellungen gegenseitig.

Ihre Wunschformel sollte genau in Worte fassen, wie Sie sich die Erfüllung Ihres größten Wunsches vorstellen. Außerdem sollte, wann immer Sie Ihren Wunschgedanken klar aussprechen, das entsprechende Bild oder Erlebnis auf Ihrem geistigen Bildschirm erscheinen. Wenn diesbezüglich zwischen Denken und Vorstellen Übereinstimmung herrscht, prägt sich dem Unterbewusstsein das Bild des erwünschten Endzustands besonders tief ein.

Aber es genügt nicht, dass Sie Ihrem Unterbewusstsein einen bildhaften Eindruck von Ihrem Ziel vermitteln, Sie müssen auch dynamische Energien aufbringen, wenn Sie Ihr hochgestecktes Ziel erreichen wollen. Und um diese Energien zu aktivieren, muss Ihr

Vorstellungsbild des erreichten Ziels von einem starken Gefühl und einem unbeirrbaren Glauben an Ihren schließlichen Erfolg begleitet sein.

Wort und Bild allein sind statisch. Die entscheidende Bewegung ergibt sich erst aus dem Glauben an die Wirksamkeit und dem positiven Gefühl des Annehmens und Bejahens Ihres in Wort und Bild fixierten Wunsches; erst damit kommt ein dynamischer Prozess in Gang. Nur wenn die genannten Faktoren allesamt harmonisch zusammenwirken, bahnt sich Schritt für Schritt die Verwirklichung Ihres Wunsches an. Doch dabei sind Glaube und Gefühl wichtige, ja ausschlaggebende Faktoren.

Wir alle tragen Überzeugungen in uns. Grundsätzlich nehmen wir in dem, was wir glauben, eine zuversichtliche oder eine pessimistische Haltung ein. Viele Menschen wissen heutzutage, dass eine zuversichtliche Lebenseinstellung eine der grundlegenden Voraussetzungen für Glück und Erfolg im Leben ist. Aber nur wenige haben erkannt, dass der Glaube eine Macht darstellt, die im wahrsten Sinne des Wortes »Berge versetzen« kann, und nur eine verschwindende Minderheit der Menschen wendet diese Macht bewusst an. Die Kraft zur Verwirklichung unserer Wünsche wächst in dem gleichen Maße, wie unser Glaube an ihre Verwirklichung zunimmt.

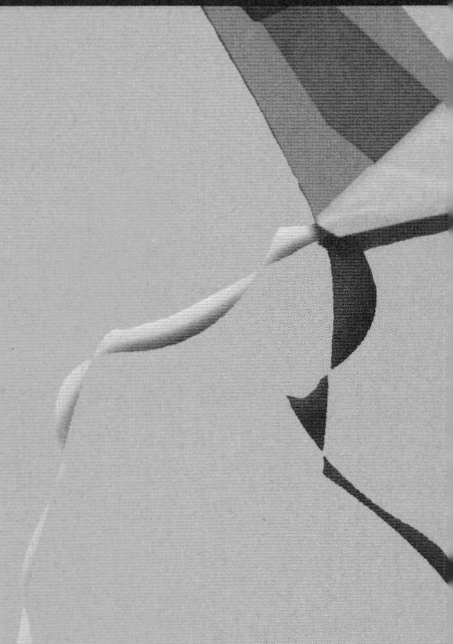

Mental-Training in die Tat umsetzen

Setzen Sie voraus: Auf der geistigen Ebene haben Sie die notwendigen Ursachen gesetzt, dass Ihr Wunschbild oder -erlebnis verwirklicht wird. Jetzt bedarf es noch des Auslösers, es auch materiell zu verwirklichen. Diesen Auslöser müssen Sie durch eigenes Handeln »betätigen«, damit Ihr Wunsch in Erfüllung gehen kann. Sonst geht es Ihnen wie dem Mann, der täglich zu Gott betete: »Herr, lass mich doch bitte in der Lotterie gewinnen!« und sein Gebet so lange wiederholte, bis er eines Tages eine Stimme aus den Wolken hörte, die sagte: »Guter Mann, gib mir doch wenigstens eine Chance, kaufe dir ein Los!«

Auch wenn Sie die Techniken des Mental-Trainings anwenden, sind Sie noch lange nicht von der Aufgabe befreit, Ihren Teil zur Erfüllung Ihrer Wünsche beizutragen. Alles, was Sie selbst tun können, um dem erwünschten Zustand näher zu kommen, müssen Sie selbstverständlich auch tun. Sie sollten dem Leben die Chance nicht vorenthalten, durch Sie hindurch zu wirken!

Tun Sie das, was Sie für richtig erkannt haben, sofort

Nichts ändert sich, wenn Sie nur darüber nachdenken, was Sie alles tun könnten. Nur Handeln bringt Sie Ihrem Ziel näher. Wenn Sie also eine wichtige Prüfung bestehen möchten, so sollten Sie jetzt gleich mit der Vorbereitung beginnen. Wenn Sie einen Freund suchen, so genügt es nicht, nur darüber nachzudenken, wie schön es wäre, einen Freund zu haben; Sie müssen etwas tun. Die Chance, selbst bloß beim Spazierengehen eine neue Bekanntschaft zu machen, ist hundert Mal größer als die Wahrscheinlichkeit, dass ein Ihnen noch völlig unbekannter Mensch Sie zu Hause aufsucht.

Tun Sie täglich etwas Konkretes

Die tägliche Wiederholung Ihrer Bemühungen sollte eine Selbstverständlichkeit sein. Wenn Sie einen Freund finden möchten, ist es nicht damit getan, einmal ein Konzert oder ein Café zu besuchen und sich wieder in das eigene Schneckenhaus zu verkriechen, wenn Sie beim ersten Versuch noch keinen Kontakt gefunden haben.

Wenn Sie eine schlechte Angewohnheit aufgeben müssen, so müssen Sie täglich an sich arbeiten und sich immer neu überwinden. Wenn Übergewicht Ihr

Problem ist, so könnten Sie damit beginnen, auf das Abendessen erst einmal, dann dreimal pro Woche und schließlich jeden Tag zu verzichten.

Tun Sie, was nötig ist, um Ihr Ziel zu erreichen, sooft und so gut Sie es können. Wenn Sie Ihren Teil zur Erfüllung Ihres Wunsches beisteuern, wird auch das »Schicksal« seinen Teil tun, um Sie zu entlohnen!

Lösen Sie sich von überlebten Fixierungen und Verhaltensweisen

Wenn Sie etwas Neues erhalten oder erreichen wollen, so müssen Sie sich zunächst von alten Vorlieben und Gewohnheiten trennen. Sie müssen sich leer machen. »In eine volle Tasse kann man keinen Tee gießen!« lautet ein chinesisches Sprichwort. Genauso verhält es sich auch hinsichtlich der aktiven Lebensgestaltung: Wenn Sie einen neuen Partner suchen, müssen Sie sich innerlich zuerst von Ihrem alten Partner lösen. Das heißt natürlich nicht, dass Sie künftig jeden Kontakt zu ihm vermeiden sollten. Vielmehr ist damit gemeint, dass Sie sich innerlich bereitmachen müssen, den neuen Partner zu empfangen.

Wenn Sie reich werden wollen, müssen Sie die Überzeugung und das Gefühl verlieren, arm zu sein, Sie müssen innerlich reich werden. Wenn Sie eine neue Stellung finden möchten, müssen Sie sich von Ihrem alten Arbeitsplatz innerlich erst freimachen, um Raum für den neuen in sich zu schaffen.

In diesen Freiraum pflanzen Sie dann die Idee des Neuen ein, Ihren Wunsch, dessen Verwirklichung Sie geistig vorwegnehmen. Dann allerdings gilt es, von ganzem Herzen zu akzeptieren, dass Sie auf der geistigen Ebene bereits einen neuen Zustand, eine neue Wirklichkeit geschaffen haben, und diese auch in allen ihren Auswirkungen und Konsequenzen zu bejahen.

Wenn einmal die Ursache geistig gesetzt ist, wird das zur Erfüllung Ihres Wunsches Notwendige früher oder später in Ihrem Leben eintreten. Doch Sie müssen die Augen offen halten, um die Chancen, die das Schicksal Ihnen bietet, auch zu erkennen.

Verdienen Sie sich die Erfüllung Ihres Wunsches

Es ist ein gewaltiges Hindernis für Ihre schöpferische Kraft, wenn Sie sich selbst nicht sicher sind, ob Sie die Erfüllung Ihres Wunsches überhaupt verdienen. Vielleicht erscheint Ihnen diese Aussage banal, aber ich kann Ihnen aus eigener Erfahrung sagen, dass dies ein wichtiger Punkt ist, der allzu häufig unberücksichtigt bleibt. In gleicher Weise, wie es notwendig ist, dass Sie sich innerlich für die Erfüllung öffnen, ist es auch entscheidend, dass Sie das Gefühl haben, die Erfüllung zu verdienen.

Verdienen Sie sich die Erfüllung Ihres Wunsches durch Großzügigkeit. Erst kommt das Säen, dann das Ernten; erst kommt das Geben, dann das Nehmen. Sie sollten sich also fragen, was Sie bereit sind, für die Erfüllung Ihres Wunsches zu tun.

Sie könnten sich beispielsweise vornehmen, zukünftig ein besonders liebevoller Mensch zu sein, oder sich bemühen, ein besonders guter Schüler, Angestellter, Chef, Lehrer, Vater oder eine besonders gute Mutter zu sein. Sie können einem bestimmten Menschen oder eine Familie mit Ihrem Rat, Ihrer Zeit oder auch finanziell zur Seite stehen. Sie können aber auch für einen andren Menschen liebevoll beten oder diesem Menschen besonders viel Liebe und Aufmerksamkeit schenken. Schließlich bleibt Ihnen immer auch die Möglichkeit, eine schlechte Angewohnheit zu »opfern«, indem Sie sich beispielsweise Ihren Jähzorn, Ihre Eifersucht oder das Rauchen abgewöhnen.

Wenn Menschen nehmen, ohne zu geben, so erhalten sie zwar häufig auch, was sie sich gewünscht haben, doch das Schicksal nimmt auf seine Weise zurück: Egoismus stört die Harmonie.

Mental-Training im Alltag

Bereits die einmalige Imagination eines Wunschbildes oder -erlebnisses lässt auf der feinstofflichen Ebene ein Vorstellungsmuster entstehen. Soll Ihre Wunschvorstellung jedoch in Ihrem Alltag Wirklichkeit werden, so müssen Sie sich den Inhalt Ihres Wunsches in Wort und Bild bis zu dessen Verwirklichung immer wieder vor Augen halten.

Deshalb wurde Ihnen auch empfohlen, am besten eine bestimmte Zeit festzulegen, die Sie im Zuge des Mental-Trainings täglich der schöpferischen Gestaltung Ihres Lebens widmen. Erst die kontinuierliche Wiederholung und Festigung Ihres Wunsches und Ihr unbeirrbarer Wille, auch wirklich an Ihr Ziel zu gelangen, setzen die schöpferischen Kräfte des Lebens in Gang.

Zudem stärkt jede Wiederholung einer Wunschvorstellung auch den Glauben an die Wirklichkeit des Vorgestellten. Wer Weizen sät, kann sicher sein, dass er zu gegebener Zeit die Ernte wird einfahren können, sofern er sich an die Regeln hält, die der Weizenanbau verlangt, und die zarten Körner bewässert und düngt. Sorgen Sie entsprechend dafür, dass der geistige Samen, den Sie einpflanzen, jene Pflege erfährt, die er braucht, um zu gedeihen.

Die 21-Tage-Technik

Es gibt nun auch außerhalb regulärer Sitzungen, die Sie im Rahmen des Mental-Trainings durchführen, verschiedene Methoden, Ihrem Wunsch die »Pflege« angedeihen zu lassen, die er braucht, um sich zu verwirklichen. Dazu gehört die 21-Tage-Technik. Diese Methode verlangt von Ihnen nicht mehr und nicht weniger, als dass Sie sich einundzwanzig Tage lang vor dem Einschlafen Ihre Wunschvorstellung in aller Deutlichkeit vor Augen halten und mit diesem Vorstellungsbild in den Schlaf hinübergleiten.

Löschen Sie also, wenn Sie sich ins Bett legen, das Licht und sorgen Sie dafür, dass Sie nach der Ausführung der Übung sogleich einschlafen können, ohne sich noch einmal auf etwas anderes konzentrieren zu müssen.

Entspannen Sie sich, sobald Sie bequem in Ihrem Bett liegen, und begeben Sie sich dann in den schöpferischen Bewusstseinszustand und an den Ort der inneren Wandlung. Rufen Sie sich Ihr in allen Einzelheiten festgelegtes Wunschbild ins Gedächtnis und vergegenwärtigen Sie sich sämtliche Details. Konzentrieren Sie sich dann auf die formulierte Beschreibung Ihres größten Wunsches. Vorstellungsbild und Wunschformel sollten dabei eine unauflösliche Einheit bilden.

Laden Sie dann diese Wunschvorstellung mit Prana auf und richten Sie Ihre ganze Freude und Erwartung auf dieses innere Bild. Ihre Begeisterung soll so stark sein, als hätten Sie Ihr Ziel bereits materiell erreicht. Ihre ganze Energie muss sich auf Ihre Wunschvorstellung richten. Bedanken Sie sich dann dafür, dass Ihnen – im Geiste – bereits zuteil geworden ist, was Sie sich so sehnlich gewünscht haben. Denn auf der geistigen Ebene ist Ihr Wunsch ja bereits Wirklichkeit geworden.

Halten Sie diese Wunschvorstellung nun im Zustand tiefer Entspannung so lange in Ihrem Bewusstsein, bis Sie in den Schlaf hinübergleiten. Ihr letzter Gedanke muss Ihrem Wunschbild gelten.

Sobald Sie am Morgen aufwachen, sollte wiederum Ihr erster Gedanke dem Wunschbild gelten. Rufen Sie sich Ihren Wunsch beim Erwachen sofort ins Bewusstsein.

Wenn Sie diese Methode einundzwanzig Tage lang konsequent anwenden, so prägt sich Ihr Wunsch Ihrem Unterbewusstsein so stark ein, dass es alles daransetzen wird, Ihren Wunsch zu verwirklichen; es wird Sie zum Handeln veranlassen, so dass möglicherweise nach Ablauf dieser Frist Ihr Wunsch bereits verwirklicht sein wird – wenn nicht, so sind Sie seiner Verwirklichung jedenfalls entscheidend näher gerückt.

Selbstverständlich sollte während dieser einundzwanzig Tage nur ein einziger Wunsch Ihr Bewusstsein erfüllen, damit alle verfügbare Energie für die Verwirklichung dieser einen Vorstellung zur Verfügung steht.

Eine Kurzfassung der Methode für den Alltag

Schalten Sie in Ihren Tagesablauf bei Gelegenheit immer wieder einmal kurze Mental-Trainingsübungen ein. Solche Übungen verstärken im Prozess der Wunscherfüllung die dazu notwendige Energie. Sie können auf diesem Weg auch lernen, möglichst schnell in den schöpferischen Bewusstseinszustand zu gelangen und die Dauer der einleitenden Entspannung zu verkürzen.

Auch können solche Übungen Ihnen helfen, sich rascher in den für das Mental-Training erforderlichen Entspannungszustand zu begeben und die gewonnene Zeit in die Verwirklichung Ihrer Wünsche zu investieren. Und so gehen Sie vor:

- Begeben Sie sich an einen ruhigen Ort, wo niemand Sie stört. Sie verzichten auf das einleitende Ritual, entspannen sich mithilfe der Farbentspannung und versetzen sich bei Violett in den schöpferischen Bewusstseinszustand und an den Ort der inneren Wandlung.

- Rufen Sie sich dann den Ihre Persönlichkeit symbolisierenden Berg sowie Ihre Wunschvorstellung ins Bewusstsein und identifizieren Sie sich mit Ihrem Vorstellungswunsch.
- Lassen Sie dieses Bild oder Erlebnis für kurze Zeit auf sich wirken, steigen Sie dann wieder von dem Berg herab und imaginieren Sie die in der Farbentspannung üblichen Farben in umgekehrter Reihenfolge, bis Sie bei Rot wiederum den Zustand des Wachbewusstseins erreicht haben.

Das persönliche Ritual, die ausführliche Entspannung, die rhythmische Vollatmung, der Moment vollkommener innerer Stille und die Aufladung des Wunschbildes mit Prana unterbleiben in einer solchen auf die Bedürfnisse des Alltags zugeschnittenen Kurzform der Übung des Mental-Trainings. Dennoch sind solche Übungen von großem Wert.

Der Autor

Kurt Tepperwein, geboren 1932, war erfolgreicher Unternehmer und Unternehmensberater. 1973 zog er sich aus dem Wirtschaftsleben zurück und wurde Heilpraktiker und Forscher auf dem Gebiet der wahren Ursachen von Krankheit und Leid. Auf seinen Reisen in alle Kontinente hat er zahlreiche ethnologische Forschungen unternommen.

Er absolvierte vielfältige Ausbildungen und erfuhr unzählige Ehrungen. Er war Dozent an internationalen Institutionen, unter anderem an der Friedensuniversität in Berlin. Seit 1997 ist Kurt Tepperwein Dozent an der Internationalen Akademie der Wissenschaften. Das von ihm geschaffene Mental-Training, insbesondere das Intuitionstraining, wurde von Topmanagern und Spitzensportlern begeistert aufgenommen. Kurt Tepperwein ist Autor vieler erfolgreicher Bücher. Seit einigen Jahren lebt er auf Teneriffa.

Ausführliche Informationen zu Seminaren und Heimlehrgängen mit Kurt Tepperwein erhalten Sie bei der:

Internationalen Akademie der Wissenschaften (IAW)
St. Markusgasse 11
FL-9490 Vaduz
Lichtenstein
Tel.: 00423 233 12 12
Fax: 00423 233 12 14
E-Mail: go@iadw.com
www.iadw.com

Beratungssekretariat in Deutschland:
Tel. & Fax: 0049 (0)911 69 92 47

Kurt Tepperwein

Ihr Leben als Meisterwerk

224 Seiten, gebunden mit Schutzumschlag
ISBN 978-3-7205-2765-1

Das Praxisbuch für eine positiven Lebensgestaltung

Kurt Tepperwein ist eine der bedeutendsten Persönlichkeiten im deutschsprachigen Lebenshilfe-Bereich. In diesem Buch verrät er seine persönlichen Erfolgsrezepte, die sich in der Praxis vielfach bewährt haben: Die Tepperwein-Methode verbindet tiefe Erkenntnisse und praktische Anleitungen für die zentralen Lebensthemen wie Gesundheit, Partnerschaft, Erfolg und Selbstverwirklichung. Sie hat bereits unzähligen Menschen in Seminaren zu Glück und Erfolg verholfen und liegt nun endlich als Buch vor.

ARISTON